U0137292

布施得福

《大智度論》的故事2

鳩摩羅什 原典漢譯
芳川 語譯修訂

《大智度論》是《大論》與《智論》的簡稱
論中引經籍甚多，
保存了大量當時流傳於北印度的民間故事和傳說，
為研究大乘佛教和古印度文化的重要資料。

目次

前言

譬如諸位一聽到：《形而上學》、《神學大全》、《方法序説》、《純理性批判》等書名時，也許很多人馬上能夠想到該書的作者或出版年代，甚至也知道書的內容。惟獨提到《大智度論》時，縱使能夠從書名裡略知那是佛教的著作，但真正的內容在討論什麼，恐怕就無從知曉了。

《大智度論》是《大論》與《智論》的簡稱，中國從北周時代起，就有註釋的典籍在流通，尤其隋、唐時代最多，在日本首推奈良時代，和江戶時代閱讀最普遍。這是《四論》之一，相當有名氣。其間，跟天台有關的學者，最習慣引用這本書。另外，它的原名叫做 *Mahāprajñā=pāramitaśāstra*。

《大智度論》通常簡稱《大論》，係《摩訶般若波羅蜜經》的註釋書。作者龍樹菩薩（大約一五〇—二五〇年），譯者是鳩摩羅什（三四四—四一三年），譯書地點在長安逍遙園的百門閣，時代約在姚泰弘始四年（四〇二年）四月廿三日。他譯完《大品》後才動手翻譯，直到弘始七年（四〇五年）十二月廿七日完成，其間，他還翻譯《十誦律》、《百論》、《佛藏經》、《雜譬喻經》等大小本佛經。

關於本書的作者，各方面有不同的看法。其中最極端的，甚至懷疑本書很可能是鳩摩羅什所杜撰的。因爲這本書既無梵文本，也無藏文本，僅有一本漢譯而已。而且，在其他諸多梵文書或藏文書裡，也根本沒有提到這本書。根據譯序與後記，竟發現有鳩摩羅什任意的節譯。從各種說法裡，日本干潟龍祥博士把它分成三類，各類都舉例說明。

A·根本不是龍樹所說。

一、顯然不是龍樹的話，而是譯者鳩摩羅什的話。

二、雖然不到「明確」的地步，也「恐怕」不是龍樹所說，而是鳩摩羅什的話。

B·（跟A相反）必然是龍樹所說無疑，有明確的特色，除龍樹以外，至少不以爲在印度以外的地方，有像鳩摩羅什的人會說這種話。

C·既不是A也沒有B的特色存在，換句話說，每一種都沒有明確的特色，只好人云亦云回到鳩摩羅什身上了。

最後，干潟龍祥的結論是：「A部份是散見各處，但總共的文章份量倒不見得很多。C部份是人云亦云回到鳩摩羅什身上，即使今後有些變動，仍然有相當份量。B類主張龍樹所説無疑，而且不以爲是龍樹以外的人所寫，結果是，《大智度論》大體上爲龍樹的作品，在漢譯的情況，卻有些是鳩摩羅什個人補充潤筆的部份。」筆者個人完全同意這個觀點，而且以它爲馬首是瞻。

關於龍樹與鳩摩羅什部份，不妨稍作説明。

龍樹是一位大辯論師，以印度的大乘佛教爲基礎，主要著作有：《中論》、《迴諍論》、《六十頌如理論》、《十住毗婆沙論》、《寶行王正論》等，後世佛教幾乎都受到他的影響，所以，尊稱他爲「八宗之祖」。

鳩摩名叫羅什，頗有名氣，出生龜茲國，少年和青年時代，他在喀什米爾研究佛教及其他學問，回國時，他的聲望已從西域一帶傳到中國，雖然，他被邀請至中國，卻因戰亂頻仍，而在涼州住了十多年，才好不容易被後秦的姚興接去，在弘始三年底，才前往長安，前後在長安住了十二年，他翻譯了大約四十部三百卷佛經，也培訓一批弟子，在中國建立了佛教昌隆的基礎。而且，他的譯筆流利洗練，著名的《法華經》、《維摩詰經》、《金剛經》

等，雖然也有別人經手的漢譯，但只有他一人的譯筆最受歡迎，直到現在依然如此。

雖然，有人表示《大智度論》是鳩摩氏的節譯，原因是這樣的。現存的本論共計一百卷，龐然大物也。其中，有卅四卷係《大品》的初品註釋，譬如《大品》跟所有的經典一樣，都用「如是我聞」開始，那麼，「如是」到底指些什麼？首先分成七項來詳述，至於說到「我」，佛教豈非主張「無我」嗎？在相反論調方面也有詳細的答覆，這種做法是，一字一句都列出幾項來說明。誠如上述，光是初品就要用卅四卷。如果採用這種做法《大品》九十品全部論完時，恐怕很不簡單。於是，鳩摩就在第二品以下，憑「秦人好簡故」的理由來節譯，才將第二品——第九十品收到餘下六十六卷裡，共計一百卷。在本論序文裡有「三分除二」這句話，但在後記裡說：「若盡出之，將十倍於此。」依照這個算法做下去，恐怕會多達三百卷，甚至一千卷，到底是那一種呢？因爲數目相差很大，就不免啓人疑竇了。爲了提供參考起見，所謂卷的意思，係裝訂中國書籍的數字，而且，裝訂情況也各不相同。譬如上面記載《大品》廿七卷，但在另外編輯方面，則有卅卷，甚至別的編輯多達四十卷。在《大智度論》一百卷裡，也包括《大品》本文的翻譯，因有「經」、「論」之別，倘若《大品》的數量爲廿七卷，那麼，《大智度論》的實際數量就只有七十三卷了。

通常，佛經總稱經、律、論等三藏，其中論（藏）是經（藏）的註解文獻。龍樹所寫的書，全是論藏，由此可見，在其他諸論裡，他的著作幾乎全是如此，始終都是艱深的論理與交談。在龍樹的著作裡，尤其以《中論》最出名，它把大乘佛教「空」的思想，完全用論理的、哲學的文脈建立起來。但是，只有《大智度論》跟龍樹的其他論著，以及其他論師的論著不同，因爲文學部份相當顯著。當然，並非全部如此，但中間插入不少文學故事，從這些具體實例，來說明艱深的概念與實踐德目等。本來《中論》很强調「空」的思想，「破邪」方面很明顯，反之，《大智度論》卻在敍述「真空妙有」。其實「真空妙有」這句術語，卻是後代人任意加進去，它根本不曾出現在《大智度論》裡。或者，也有人表示《大智度論》等於當時佛教思想的百科全書。原因是，本書裡除了上述那些文學性敍述以外，也有極多部份引自經典，也引用諸說。

以前，我比較熟悉原始佛教經典裡的「說話」或「故事」，關於大乘佛教方面，除了若干經與律以外，所知有限，所以，我想在此以《大智度論》爲資料，挑選「故事」那一類。原則上，我依據下面的標準。

一、根據《大正新脩大藏經》第廿五卷所收集的材料，除了二~三行短篇的東西，我都做某種程度的摘要。

二、根據漢文採用相當自由的口語翻譯，不省略任何語句。

三、省去煩雜的對照字句。

四、漢字的地名與人名等個別詞語仍然照用。

修訂版編案：所有人名、地名，原譯舛誤處，全依鳩摩羅什漢譯、妙蓮法師標校之《大智度論》（圓明出版社出版）訂正，除非必要，而以夾註輔讀外，其餘不另作說明。

功德的力量

佛陀在世時，座下有一位眼睛失明的比丘。他因爲瞎了眼睛，一天，他正在摸索要縫衣服，一不小心，針從線上落地了。於是，他說：「誰要修福或積功德，要給我穿針引線呢？」這時候，佛陀剛巧走來，告訴瞎眼的比丘說：「我要修福和積功德，要來給你穿針引線。」那位比丘聽出是佛的聲音，立刻起立披上袈裟，向佛頂禮作拜，稟告佛說：「佛的功德已經滿盈，爲何還說要修福和積功德呢？」佛陀答說：「雖然，我的功德已經滿盈，無如，我卻深知功德的恩，功德的果報和功德的力量，我才會在一切衆生裡最爲殊勝，也是由於這種功德。因此，我很重視功德。」

待佛陀給這位比丘讚嘆功德以後，接著，又順應他的心意說法。這位瞎眼比丘聽法後得法眼淨，肉眼也更加地明亮了。（卷十、《大正藏》一二九頁上段）

優波鞠多

佛入滅以後一百年，有一位比丘叫優婆鞠多。他是一位得到六種神通的阿羅漢，在當時的芸芸衆生裡，他是閻浮提的大導師。

當時，有一位年紀高達一百二十歲的比丘尼。據說她年輕時，曾經看過佛陀。於是，優波鞠多有意到那位比丘尼家裡，打聽佛陀的舉止和神采，他先派一位弟子去了。弟子跑來告訴比丘尼：「我那位偉大的師父——優波鞠多要到府上來，請教關於佛陀的舉止風度等。」只見比丘尼端出鐵鉢，裝滿芝麻油，放在門邊靠緊著，有意試探優波鞠多，也想明白他的舉止風度到底如何？當優波鞠多走進來時，就輕輕地打開房門。不料，卻使芝麻油溢了些出來。只聽他向坐在椅子上的比丘尼問道：「聽說你看過佛陀，是嗎？他的舉止風度好像什麼呢？請你說出來讓我聽聽好嗎？」比丘尼答說：「當時，我年紀還很輕，親眼看到佛陀有一天走到一個村子裡來。大家都喊著佛來啦！我也跟在衆人後面走，一走出村子，就看見一片光明，我馬上行禮了。

此時，頭上插的金簪忽然落地，我走在漆黑的樹下，向前找尋佛的光明，只見光明照亮樹下，讓黑暗中的一切都能看得一清二楚，不消說，我很快找到了金簪。從此以後，我做了比丘尼。」優波鞠多又問她：「佛陀在世時，比丘的姿態和禮貌規矩怎樣呢？」比丘尼答道：「佛陀在世時，曾經有六個人編成的團體（註），他們幾位比丘犯了惡行，不知羞恥，實在是幾個大壞蛋，但是，他的舉止風度都比你好。至於說怎會知道呢？原來那幾位比丘進門時，完全不會讓麻油溢出來。雖然，他們是幾個壞蛋，卻還知曉比丘的禮貌作法，凡是行住坐臥的舉止法則，全都不會離譜。本來，你是一位懂得六種神通的阿羅漢，反而不如那六個比丘呢。」優波鞠多聽了非常羞愧。（卷十、《大正藏》一二九頁中段）

註：那六位比丘是，難陀、跋難陀、迦留陀夷、闡那、阿說迦、弗那跋等。

藥王菩薩

《法華經》那位藥王菩薩，早在佛陀座下，就已經深得肉身變化的三昧了。之後，他不斷在考量：「我今後將怎樣供養佛和法華三昧才好呢？」一想到此，他即刻躍上天空，運用三昧的力量，散落七寶、花香、幡蓋來向佛供養。之後，他雖然脫離三昧。但對自己的供養心仍嫌不夠。於是，在一千二百年裡，他經常吃下各種香食，飲了各類香油，然後，身穿天上的白衣，燃燒自己的身體。緊接著他親口發誓：「但願我身體的光明能夠照耀像八十條恆河細沙那樣多得數不清的佛世界。」住在像八十條恆河細沙那樣，多得數不清的世界諸佛，無不讚嘆藥王菩薩說：「善哉！善哉！好一個年輕人啊！你肯以自己的身體作供養，才是最殊勝的供養。那樣遠比以國家、城市和妻子的供養，勝過千百倍，不論怎麼比喻，都比不上那種殊勝。身體燃燒一千二百年，也不會毀滅的。」（卷十、《大正藏》一三〇頁下段）

達貳迦比丘

在《毗尼》裡，有以下一段話：

且說一位名叫達貳迦的比丘，建造一棟紅色的瓦窟。佛看了早已經心裡明白，就問阿難：「你知道他要建造什麼東西嗎？」阿難稟告佛：「他本是出身陶匠家庭的孩子，後來出家，名叫達貳迦。他起先造了小草房；不料，常常被飼牛的人破壞了。連續造了三次，三次都被他們破壞。從那時以後，他才造了瓦房。」佛告訴阿難說：「你快去把那座瓦窟搗毀。為什麼呢？因為諸外道以後一定會說，當佛這位偉大的師尊在世時，就已從煩惱裡流出法來了。」（卷十、《大正藏》一三一頁上段）

佛是至高無上

當佛一旦得道時，不禁暗自尋思：「任何人若無一點兒尊貴，就不能成就事業。現在十方天地裡，誰才是最尊貴的人呢？我倒要找找那個人可以做我的師尊。」這時候，梵天王等諸天稟告佛：「佛是至尊無上，誰也不會超過佛。」佛又運用一項天眼的神通，察遍三世和十方天地，也始終看不到有誰比佛還要卓越。佛心裡尋思後，說道：「我要實踐偉大智慧的波羅蜜，我現在要自己成佛。這才是我的尊貴所在。換句話說，這才是我的師尊。從此以後，我誓必要恭敬，供養和重視那個法。這就像樹林裡有一種叫做好堅樹的情形。這種樹在地下潛伏百年，枝葉都具備了。一天，露出地面發育成長，高達一百丈。當這棵樹發育完畢，就央求其他的巨樹，讓自己待在他們的樹蔭下。當時，森林的一位神趕緊告訴好堅樹說：『世界上那有其他樹比你更高大呢？其他樹木，一定都得受益在你的蔭涼下。』」

佛也跟這個情形一樣。總之，佛在數不盡的漫長歲月裡，過著菩薩生涯，之後，才能出生這個世界，有一天，在菩提樹下，定心坐禪，然後才能如實知曉一切法的存在，大徹大悟，成了佛道。這時候，佛的心想：「誰能做我的師尊呢？我會恭敬和供養他。」不料，梵天王等諸王稟告佛說：「佛才是無上至尊，沒有人會超越佛的。」（卷十、《大正藏》一三一頁下段——一三二頁上段）

大愛道比丘尼

有一天，一位名叫大愛道的比丘尼，竟跟五百位證得阿羅果位的比丘尼同時入滅了。這時候，許多已經證得三道的在家信徒，捧著五百張床來給那羣比丘尼，而四天王卻捧著一張床來給那位曾經做過佛的奶媽——大愛道比丘尼了。佛親自站在她們面前，端著香爐，焚香供養。佛告訴比丘說：「你們快過來幫我供養奶媽的身體。」話一說完，那羣證得阿羅漢果位的比丘們，各顯神通，抵達摩梨山上（註），拿來一堆牛頭旃檀的香樹柴薪，幫忙佛起火燃燒來供養了。（卷十、《大正藏》一三二頁上段）

註：摩梨山也譯成牛頭山。牛頭旃檀係生長在這座山的香木，類似麝香。

七住菩薩

凡是修持到第七階段（註一）的菩薩，諸法皆空，不會執著自己的所有，也能觀照不生不滅。這樣觀照完畢，在一切世界裡，內心才不會執著任何東西了。之後，再捨棄六波羅蜜，打算入涅槃。這種情狀彷佛一個人做夢，在夢裡編造竹筏，正在渡過一條大河時，手腳疲勞，不禁心生煩燥和厭怠，立刻停在河流中間，不再往前行，就忽然從夢中醒來，忍不住心想：「這樣寬闊的河流，怎能渡過去呢？」一想到此，他即刻放下以前那顆勤勉自勵的心。這種菩薩也如同上述的例子，站在第七個階段，領悟不生不滅之法，獲得寂靜的境界，心的活動全部止於寂靜，就想要進入涅槃。

這時候，十方諸佛紛紛放出光明，照耀菩薩的身體，右手摸撫他的頭說：「善良的年輕人呵！你可不能有這種心態。你不論如何要想到自己原來的誓願，應該去救度衆生。縱使你懂得空的道理，殊不知衆生還無法理解。你必須要累積許多功德，教化衆生之後，才一齊進入涅槃才對。你還没有獲得金色身體，三十二相、八十種隨形好、無量光明和三十二項活動（註二）。現在，你只不過得到一種無生法的教理罷了。千萬不能這樣就滿心歡喜。」

這位菩薩聽了許多佛的教誨，也再度湧起原來的本心，實行六波羅蜜，用以拯救芸芸衆生。（卷十、《大正藏》一三二頁上、中段）

註一：菩薩階段分成十段，從一到十，即從初住起到十住止，初住為凡夫，十住才相當於佛。其中第七住就是第七段，也叫做「不退住」，若達到這一段，就不會退轉，繼續下去會成佛。

註二：這些特性只有佛才能具足。

佛救衆生

當佛陀開始得道時，忍不住暗自尋思：「這個法非常深妙，只可惜衆生很愚蠢又迷糊，不易得到幸福。我自己也生在充滿五種罪惡（註）的世界上，不知道現在應該怎樣才好？」一想到這裡，他有了計較：「從現在起，我要把一個法分成三種，把三種分割出來的東西當做三種乘坐物，順應各方的需要，去救度各地的衆生。」佛暗忖完了，十方諸佛全都呈現光明，讚嘆不已：「好極了！好極了！我們也置身在充滿五惡的人世間，準備把一個法分成三份，以便適應各地的需要，藉此拯救衆生。」

這時候，佛聽到十方諸佛的說話聲，即刻心生歡喜，口誦：「南無阿彌陀佛。」（卷十、《大正藏》一三二頁中段）

註：五種惡是指殺生、偷竊、邪淫、妄語和飲酒。

須彌山與東西南北

須彌山位於四方的中心。而且，太陽繞著須彌山打轉，照射四個天下。鬱怛羅越（地方國）的白天，相當於弗婆提（東方國）的日出，才使弗婆提國的人把那裡看成東方。弗婆提的白天，相當於閻浮提（南方國）的日出，故使閻浮提的人把那裡看成東方。這樣一來，實際上，那裡都不是開始的地方。爲什麼呢？因爲一切方位由於看法不同而不同，會變成全在東方，全在南方，全在西方，全在北方。雖然，有人說：「太陽出在東方，太陽去南方，太陽落在西方，太陽不去北方。」其實，這些都是不對的。（卷十、《大正藏》一三三頁中、下段）

羅睺羅阿修羅王

有一天，羅睺羅阿修羅（鬼神之一）王居然想把月亮吃下去，害得月天子在惶恐之餘，匆匆跑來見佛，作偈説道：

「成就偉大智慧的世尊呵！我來皈依您，低頭頂禮。現在，這個羅睺羅跑來擾亂我；佛呵！請您大發慈悲，同情我，救護我吧！」

佛給羅睺羅説出以下的偈語：

「月亮常常照亮黑暗，明朗清涼。它是一個空中的巨大明燈。它的顏色潔白清淨，千道光明。你不能吞食月亮，你趕緊離開月亮去吧！」

此時，羅睺羅惶恐得汗水直流，馬上匆匆離開月亮了。婆梨（羅睺羅的兄弟）阿修羅王，目睹羅睺羅那副過分恐慌，匆匆離開月亮的樣子，忍不住作偈問道：

「羅睺羅呵！你到底爲什麼這樣驚慌戰慄，匆匆地放棄月亮？看你全身流汗，彷彿一個病人，內心惶恐不安，到底爲什麼會這個樣子呢？」

羅睺羅聽了也作偈答道：

「世尊親自作偈命令我，如果我不離開月亮，會把頭劈成七片。而且，即使能夠活下去，也恐怕沒有安穩的日子，由於這些理由，我現在才要匆匆離開月亮。」

婆梨阿修羅王作偈說道：

「難得遇到諸佛，經過長年累月，才好不容易出世，因爲佛說了以上清淨的偈語，才迫使羅睺羅匆匆離開月亮了。」（卷十、《大正藏》一三五頁中段）

富那婆藪

《雜阿含經》的〈天品〉裡，有下面一段話：

有一個鬼神叫做富那婆藪，家裡有一位母親。佛到處遊化，一天，來到那裡住宿了。當時，世尊說出一套殊勝的法，突然，有男女兩人哭出聲音。母親給他們兩人作偈，目的要阻止他們哭泣。

「鬱怛羅呵！你別出聲好嗎？富那婆藪呵！你也別哭出聲音好嗎？我現在聽法得道了，你們也當然能夠得道，一定會像我一樣。」（卷十、《大正藏》一三五頁下段）

舍利弗(一)

在佛的衆多弟子裡，舍利弗以智慧第一著稱。關於這一點，佛曾經作偈說道：

「一切生靈的智慧，除了佛世尊以外，若要與舍利弗的智慧及其多聞的法義相比較，即使把他分成十六份，也尚且不及他的一分。」（卷十一、《大正藏》一三六頁上段）

舍利弗㈡

舍利弗在智慧與多聞方面，有頗大的功德。那就是，當他年僅八歲時，不但飽讀十八部經典，而且完全了解經典的內容和意義。

且說摩伽陀國有龍王兄弟兩人。兄叫做姞利，弟弟叫做阿伽和羅。龍王每次選擇適當時期下雨，才讓該國不曾發生荒年。人民感戴之餘，經常在仲春之月，聚結一大堆人，前往龍王居住的地方，特地為龍王擺設隆重的祭典，到場的羣衆無不興高采烈，彼此暢談，讓這一天過得非常歡喜。自古至今，這種大會照例舉辦，從不間斷。最後，竟用龍王的名字給這種聚會定名了。

這一天像往常一樣，建立四個高座。這四個位置是給以下四個人——第一是國王，第二是太子，第三是大臣，第四是辯論士。當時，舍利弗年僅八歲，忍不住向那些人打聽：「這四個高座到底為誰而設的呢？」他們回答：「那些是準備給國王、太子、大臣和辯論士坐的。」舍利弗聽了仔細觀察在場的人和一羣婆羅門，目不轉睛地注視他們的情緒反應，發覺没有一個人比自己高明。他於是爬上辯論士那個座位結跏趺坐了。許多人懷疑之餘，有人不禁説道：「那個傻孩子簡直莫明其妙。」也有人説：「這個孩子的智慧遠比一般人高明。」有人雖然稱讚他的精神可佩，非同小可；但是，人人都有自尊心，因爲舍利弗的年紀尚輕，才覺得不好意思，默默不語，不想跟人講話。那些年輕孩子們紛紛走近舍利弗，把他們的話傳過來，並且質問他。在這種情況下，舍利弗的答話都能根據問題的旨趣，他的見解不凡，高人一籌。於是，衆論師才讚嘆舍利弗的智慧是前所未有，不論愚笨或聰明人，不論大人或孩童，全都聽了很感佩。國王非常歡喜，立刻下令官員送一個村落給舍利弗，村人也不斷送東西給舍利弗。國王坐在象的轎子裡，搖鈴告示這件事情，這項告示傳遍十六個大國，和六座大城市，到處祝賀皆大歡喜。

當時，有一位占卜師的兒子名叫拘律陀，姓大目犍連。他是舍利弗的好朋友，兩人的交情深厚。舍利弗的天資聰明、才華蓋世、見解不凡，目犍連生性豪爽、氣質高貴。他們的才智相當，互相研究，敦品勵學。他們也一齊玩樂，朝夕相處，形影不離。他們的承諾都會一直遵守，從來不失約。後來，他們一齊厭棄世俗，出家修道，成爲修持清淨的弟子。他們一心一意找尋悟道的入門，無奈，長期間沒有一點兒線索。於是，他們只好請教師父——刪闍耶，他的師父回答：「我自從找尋悟道以來，已經過了相當年歲。可是，到底有没悟到成果呢？我一直在懷疑，如果有的話，我是不是得道了呢？這種事連我自己也不知道，而且，實際上我也没有得道。」

有一天，這位師父臥病在床。舍利弗站在病床的頭部這邊，大目犍連站在腳部那邊。師父已經奄奄一息，當他命在旦夕時，悽然一笑。兩位弟子以相同的心情，詢問師父的笑代表什麼意思？師父答說：「世俗的衆生肉眼不識真實，全被恩愛害慘了。從前，我看過金地國的國王死時，他的大太太自動投身到燃燒的火中陪葬，希望以後能夠出生到同一處，但因兩人的行爲與報應各有不同，很難同生一處。」這時候，兩人用筆記下師父的說話，有意試試說話是不是真實？後來，金地國有商人迢迢千里來到摩伽陀國了。兩人一面查閱以前的記錄，一面小心求證，果然證實師父當年的話了。於是，兩人才慨然說道：「我們豈不是太多疑了嗎？師父豈非把這件事情隱瞞起來？」

兩人互相發誓說：「以後誰若先聽到甘露（不死）的法，一定要通知對方，一塊兒來領受。」

且說佛陀已經讓迦葉兄弟和他們的一千位學生都先後開悟了，才一塊兒週遊列國，某日到達王舍城，選在竹園歇息。至於那兩位清淨的修行者（舍利弗與目連），聽到佛出現，大夥人已經進入王舍城，兩人才到處打聽佛的消息。

剛巧有一位比丘叫做阿說示（聽過佛最先說法的五人之一）。他披著袈裟，托著鐵鉢，進城來行乞。舍利弗看見他的威儀與服裝非比尋常，氣質高雅，保持靜默，忍不住跟著他走，並且跑前去問他：「請問您是誰的弟子呀？令師是何等樣的人呢？」對方答道：「家師是釋迦族的太子，厭惡生、老、病、死的苦惱，跑去出家學道，後來得到無上正覺。」舍利弗說：「可不可以將令師教授的內容說給我聽聽？」

這時候，阿說示才作偈答道：

「我的年紀尚幼，資歷膚淺，受學的日子也不長。

怎能說出精華的實況，含蓋如來浩翰的意思呢？」

舍利弗說：「請您說一下要點就行了。」

阿說示比丘一聽，只好作偈說道：

「諸法都是因緣所生，這個法是說明因緣的。

這個法也是由於因緣才會滅盡。偉大的師尊就這麼說的。」

舍利弗聽完這首偈語，即刻得到初步的覺悟。他趕緊回來告訴目連。目連看到舍利弗的表情柔和、充滿法喜的樣子，忍不住問他：「難道你已得到甘露（不死）的法味了？快說給我聽吧！」舍利弗不慌不忙把自己剛才聽到的詩偈說給目連聽了。目連說：「請你再說一遍好嗎？」舍利弗又給目連說一遍，目連也獲得初步的覺悟了。

他們兩人率領二百五十位弟子來拜訪佛陀。佛陀遠遠看到兩人率領一大羣弟子前來，告訴身邊的比丘們說：「你們看見那兩人走在一大羣清淨修行者的前頭嗎？」比丘們說：「我們都看見了。」

佛說：「這兩個人在我的弟子裡，一個（舍利弗）會變成智慧第一，另一個（目連）會成爲神通第一。」兩人率領一大羣弟子浩浩蕩蕩地逐漸走到佛的住處。片刻後，他們來到佛面前，叩頭作拜，之後，站在佛的旁邊，同聲稟告佛：「世尊呵！我們來到佛法的教育地點，想要追隨佛，出家受戒。」佛說：「你們來得好，兩位比丘。」他們即刻落下鬚髮，身上披了法服，衣鉢也都備妥，完成受戒了。

半個月後，當佛給長爪梵志說法時，舍利弗聽了就證得阿羅漢果（註）。他爲何能在短短半個月後得道呢？原因是，他正是宏法人才，會成爲佛以後宏揚佛法的師父，他來到學佛的地方，身歷其境，沐浴在佛法的陣容裡，才能知道各種詳細法義。因此，僅僅半個月後，他就能夠證得阿羅漢果了。

由此可見，舍利弗的功德很多，才能得到阿羅漢。往後，佛又爲舍利弗講解般若波羅蜜的深妙大法。（卷十一、《大正藏》一三六頁上、下段）

註：阿羅漢是小乘佛教的最高境界，而般若波羅蜜是大乘的教理。

須菩提(一)

佛弟子裡，須菩提是獲得無諍三昧最優秀的人，名列前茅。無諍三昧的存在是，常要關懷芸芸衆生，不讓他們心生煩惱，也會多予同情。許多菩薩也會發下宏大誓願，想要渡盡天下蒼生，讓他們都能到達幸福的彼岸。這種同情或憐憫是一視同仁，完全平等。（卷十一、《大正藏》一三六頁下段）

須菩提(二)

須菩提平時喜好進行空三昧（浸在空的境界）。佛上忉利天（也叫做三十三天，在欲望世界的六天裡，屬於第二天，據悉在須彌山上），雨期結夏安居（室內修行）以後，才返回閻浮提來。這時候，須菩提待在石窟裡，暗自尋思：「佛從忉利天下來，我應該去佛那裡，還是不該去呢？」但是，他心裡又在暗忖：「記得佛常常說，如果有人肯運用慧眼來觀察佛法，才是看佛最殊勝的意義。」

因爲佛正從忉利天下來，閻浮提的一羣出家修行者，包括男女兩衆，以及在家的男女信徒都聚集一起，諸天看到衆人，衆人也看到諸天。在座的羣衆裡，有佛、轉輪聖王和諸天羣集，氣氛莊嚴，真是前所未有的盛況。須菩提看了，心中暗想：「眼前雖然羣衆聚集，聲勢浩大，真是殊勝現象，無如，這種聲勢不可能長期持續下去。不知何時會出現毀滅之法，因爲一切都屬於無常啊！」須菩提靠這種初淺的無常觀，獲悉諸法皆空，一切都沒有實體。當須菩提觀察以上的情狀時，無異已經證得阿羅漢果了。

在大庭廣衆前，大家都爭先恐後想要向佛敬禮和供養。其間，有一位名叫華色的比丘尼，她想丟棄因爲女性名字帶來的不吉利，乃搖身一變，成爲一位轉輪聖王，率領一千名佩飾七寶的孩子。大家看了無不起立離開座位，紛紛離去。當這位假王來到佛的地方後，立刻恢復原來的身份，成了比丘尼打扮，竟比誰都快，成爲最先向佛禮拜的人。

不料，佛告訴她說：「你不是第一個禮拜我的人，須菩提才是真正第一個禮拜我的人。因爲他觀察了諸法皆空，這才是真正看到佛法的真髓，得到真正的供養，而且在一切供養裡最殊勝。他不是敬禮佛那副活的身體，來表示供養。」（卷十一、《大正藏》一三七頁上段）

舍利弗姓名的由來(一)

舍利弗的名字是父母親給他取的，但他一直沿用至今。

在閻浮提裡，摩伽陀國算是最安樂的地方，其中有一座大城叫做王舍城。那裡有一位國王叫做頻婆娑羅王。此外，該城也有一位婆羅門的辯論師叫做摩陀羅。由於他能言善辯，出類拔萃，國王才封給他一個村落當做領屬，那裡距離王舍城不太遠。

摩陀羅平時一直待在家裡，他的妻子生下一個女兒。由於這個女孩的眼睛好似舍利鳥的眼睛，所以，給她取名叫舍利。不久，他的妻子又生下一個男孩，因為這個男孩的膝蓋骨粗大生硬，所以，給他取名為拘絺羅。

當時，摩陀羅既然有了家庭，於是待在家裡教育子女。不過，他把自己讀過的經典，全都摔在一邊，簡直忘得一乾二淨，修行也是老套，沒有創新。

且說南印度有一位婆羅門的著名辯論師，名叫提舍。他精通十八種韋馱

(吠陀)經典，也都熟悉各經的意義。當他走進王舍城時，頭上戴著火把，腹部纏著鐵板。有人好奇地問他爲什麼這樣?他說：「因爲我飽讀了許多經典和書籍，深怕肚子破裂。因此，才用鐵板綁在腹部。」又有人問他：「爲何頭上戴著火把呢?」他回答：「因爲到處一片黑暗。」許多人異口同聲地問：「日正當中，照耀各地，怎麼說會黑暗呢?」他解釋說：「黑暗有兩種。一種是陽光照射不到。另一種是愚蠢的黑暗蓋著，讓人迷惑。現在雖然有明亮的陽光，無如，愚蠢的黑暗更嚴重。」羣衆說：「因爲你還不曾遇到摩陀羅那個婆羅門，才會說大話，如果你遇到他，包你的肚子會縮下去，你的聰明也一定變成黑暗。」

這位婆羅門走到大鼓旁邊，猛敲著鼓要找人挑戰，比賽辯論。國王聽了忍不住問道：「什麼人這麼大膽?」大臣們稟告：「南印度來了一位婆羅門，名叫提舍大辯論師。因爲他到處找人辯論，才猛敲大鼓找人挑戰。」國王聽了十分歡喜，即刻召集一大堆人，吩咐下去：「若有人能完全駁倒這位論師，讓他吃些苦頭，不妨出來跟他辯論!」

摩陀羅聽了很懷疑自己的能力：「我把書全都丟在一邊，內容忘得乾淨，而且也沒有什麼新的修行。現在，我不知道自己能不能跟他辯論？」他一直放心不下，不禁低頭沈思，忽見路旁有兩條雄牛並肩站著，好像互相抵觸的樣子。他不禁暗忖：「假定這條牛是我，那頭牛是他，依照牠們的爭鬥來卜卦，到底那一頭牛會獲勝，看看情況再說。」仔細看去，這條牛敵不過那頭牛了。這樣一來，讓他十分沮喪，也開始耽憂起來。他暗自尋思：「看這個徵兆的話，恐怕我也敵不過他了。」他排開羣衆向前走去，剛好有一位母親，雙手捧著一瓶水，走到自己面前時，一不小心被絆倒在地上，瓶子也摔破了。他目睹這種情狀，不禁心想：「這是不吉利的事，太倒霉了。」

當他擠進大庭廣衆裡時，望見那位辯論師的姿態了。不論表情或舉止，都顯得不凡。他心裡明白自己敵不過他，但事已至此，自己也不得不接受挑戰了。在辯論進行中，他已經陷入敗局裡了。

國王十分高興地說：「這位絕頂聰明，智慧優秀的人才，不遠千里來到我國。現在，我封給他一個村落，當做領地贈送。」許多臣子們私下紛紛交談：「只要有一個聰明的人來，就贈他一個村落當領地，反之，卻不賞給有功的老百姓。這樣，豈非只會疼愛那些會辯論的人？這不是保衛國家安全的方法，未免太令人耽心了。因爲這次是摩陀羅個人辯論失敗，當然要没收他的領地，將它轉送給得勝者才對。假如以後再有人得勝，照樣將失敗者的領地轉送給得勝者，不就好了嗎？」

國王覺得有道理，才採納這個意見，立刻没收摩陀羅的土地，將它轉贈給提舍了。當時，摩陀羅告訴提舍說：「你是聰明人，我要把女兒許配給你，兒子也跟去，而我則要遠赴他鄉，追求自己的理想。」

提舍娶了他的女兒爲妻。不久，妻子懷孕時，夢見一個人身穿甲冑，手執金剛，連續打碎好幾座山，而且都是大山。妻子夢醒之後，將此事告訴丈夫說：「我居然在夢裡看見這種事。」提舍說：「你一定會生男孩子，他將來雖然在辯論上能夠力戰羣雄，但不論如何也不能贏過一個人，反而會做對方的弟子。」

舍利懷孕時，由於腹中的孩子，竟使母親也變爲聰明起來，變成能言善辯的樣子。每當她的弟弟——拘絺羅跟姊姊爭辯時，始終落敗，一直贏不過她。他猜想姊姊腹中的孩子，必然非比尋常，智慧過人，這個孩子尚未出生，竟然這樣了得，將來出生之後，不知會變成什麼樣子？他一想到此，立刻捨棄家庭，專心研究學問，前往南印度，簡直沒有工夫剪掉指甲，只知晝夜攻讀十八種經典，精通那些書上的內容，從那時候起，當時的人都叫他長爪梵志。

但是，姊姊的孩子出生時，這個孩子過了七天，包著白布，展示給父親看。他的父親心裡暗想：「因爲我名叫提舍，何不在我的名字上加一個名，給他取名爲優波提舍好了。」

所以，這個孩子名叫優波提舍，藉著父母的因緣，才取了這個名字。無如，許多人都知道他是舍利生下來的，才刻意給這個孩子取名舍利弗。（卷十一、《大正藏》一三七頁上、中、下段）

舍利弗姓名的由來(二)

舍利弗是世代相傳的本願，在釋迦牟尼佛時成爲智慧第一，有意把舍利弗的名字留下來。因爲這是根據本願而來的名字，因此，才叫做舍利弗。

（卷十一、《大正藏》一三七頁下段）

舍利弗的智慧不及佛陀

舍利弗不是一切智（只有佛才有的智慧）。若跟佛的智慧比較時，猶如小孩子一般。

關於這一點，《阿婆檀那經》說過以下一段話：

有一次，佛來到祇桓，正在那裡歇腳，午後四時左右，才從打坐中起立繞行。當時，一隻老鷹正在追趕一隻鴿子，鴿子飛到佛的旁邊停下來。佛的步伐經過那裡，身影遮住鴿子時，鴿子全身很安穩，不再惶恐和發抖，也不再出聲了。接著，當舍利弗的身影停在鴿子身上時，鴿子又發出叫聲，惶恐顫抖的情狀完全像剛才一樣。

舍利弗稟告佛：「佛和我的身上都沒有三種煩惱（貪、瞋、癡）了。爲何佛的影子遮住鴿子時，牠就會默不出聲，也不再驚恐，當我的身影覆上時，鴿子又會出聲，好像剛才一樣惶恐顫慄呢？」

佛說：「你的三種煩惱及其餘勢尚未完全除盡。基於這種理由，你的影子蓋上去時，鴿子的恐怖一直除不掉。你不妨觀察一下這隻鴿子世代以前的命運因緣，牠做鴿子幾世了？」

舍利弗聽了即刻進入宿命智的三昧，意欲觀察這隻鴿子的命運，到底牠從幾世以前開始出生做鴿子的呢？他仔細觀察下去，一世、二世、三世一直往過去追蹤，甚至看到牠八萬大劫以前，也一直是鴿子身。過了那一階段，再往過去就看不到了。舍利弗只好從三昧裡醒來，稟告佛說：「這隻鴿子在八萬大劫裡，一直是鴿子的身體。過了那一階段，以前的情狀我就看不到了。」

佛說：「你如果不能完全看到這隻鴿子的過去世，不妨試看牠的未來世，到底幾時以後才能脫離鴿子身。」

舍利弗又趕緊進入願智三昧觀裡了。其間，他觀察到這隻鴿子在以後一世、二世、三世，甚至八萬大劫裡，一直不能脫離鴿子身。如果再往後看牠的未來，就完全不知道了。於是，舍利弗又從三昧裡起來，稟告佛說：「當我觀察這隻鴿子的時候，發現牠在以後一世、二世，直到將來八萬大劫之間，都難免鴿子的身體。之後，再往後看時，我就無能爲力，什麼也不知道了。關於這隻鴿子的過去與未來，都無法知道牠的極限，不知道牠幾時才能脫離鴿子身呢？」

佛告訴舍利弗說：「這隻鴿子超越許多聲聞與辟支佛（都是佛弟子的最高位）所能知道的界限，在像恆河細沙那樣無限大劫裡，始終都屬於鴿子身。之後，待牠的罪受完時，才能離開鴿子身，投生到五道裡輪迴（註），接著，才能出生為人。經過以後五百世代，才能得到聰明的資質。那時候，有佛在世，正在渡無量眾生到彼岸，之後，這位佛才會進入完全沒有欲望的涅槃（入滅）。這位佛留下來的法，仍然會在世間，這隻鴿子轉生的人，會做一個在家信徒，盡心遵守五戒。同時，他會從比丘口中聽到許多讚嘆佛的功德之後，他會發心，希望將來成佛。另外，再經過數不盡的漫長歲月（由菩薩到佛的期間），實踐六波羅蜜，具備十地，這樣才能成佛。待他渡完無量眾生到彼岸以後，才會好不容易進入毫無欲望的涅槃裡。」

這時候，舍利弗向佛懺悔，並且稟告佛說：「我連一隻鴿子的過去與未來都不知道，何況是諸法呢？那當然更談不上了。倘若我早知道佛的智慧這樣浩瀚無涯，我會在佛的浩瀚智慧之下，感到汗顏，我即使墮入阿鼻地獄

（八大地獄之一，由於苦無間斷，才譯名無間地獄），飽受無量劫那樣長期的苦楚，也沒有理由拒絕。」（卷十一、《大正藏》一三八頁下段）

註：五道輪迴是生靈投胎轉世在地獄、餓鬼、畜生、人、天等輪迴世界。

阿泥盧豆

當阿泥盧豆長老走進森林裡坐禪時，淨愛天女等，呈現清淨美妙的身體，走過來想試一試阿泥盧豆的定力。

阿泥盧豆說：「諸位天女呵！你們現出青色好嗎？我不要混雜的顏色。」雖然，他希望進入不淨觀，但卻不能觀。諸位天女仍然現出黃色、紅色與白色。此時，阿泥盧豆閉目不看了。只聽他說：「諸位天女們呵！你們走開吧！」天女們一聽立刻消失，不再現身了。（卷十一、《大正藏》一三九頁中段）

大迦葉

甄陀羅（守護佛的八位部將之一，歌神或音樂天）王率領八萬四千位甄陀羅來到佛的地方，靠彈琴和歌頌來供養佛。這時候，須彌山王以及許多山、樹、人民、禽獸等全都一齊跳舞了。在佛附近的衆人，以及大迦葉，全都在座上，但他們都不能安心。

於是，天鬚菩薩問大迦葉長老：「你在長期間一直實踐十二頭陀（不貪執衣食住）法，在佛門裡首屈一指。但是，爲什麼你在座上仍然不能安心呢？」大迦葉答說：「本來，全世界的一切欲望都不能動搖我，眼前出現的是，菩薩的神通，具有功德與果報力，它會讓我動搖，而不是我自己不能安心。情形彷彿須彌山及其周圍，不論刮起什麼風，那陣風終究不能動搖須彌山，直到漫長的劫結束，在劫末刮起暴風時，連須彌山也會像腐爛的草一樣，被吹得搖晃不定。」（卷十一、《大正藏》一三九頁中、下段）

失火的家庭

家庭失火時，凡是聰明或有智慧的人，顯然認識當前的情狀，在火勢尚未漫延到全家以前，趕快把財物搬出去，縱使家屋被燒毀了，幸好財物都能保留下來，以後才能重建房舍的能力。那些樂善好施的人也一樣，自身也是危機重重，深知財物屬於無常的東西，所以要修福。一旦無常來了，如同從火勢下取出財物，到後世也能承受樂果一樣。再者，上述那些人又好像修築住宅一樣，用福慶來滿足自己。

有些人愚蠢，一直在徬徨，只會嘆惜房子被火燒，慌張無補於事，企圖盡力拯救房屋，樣子像發瘋，愚笨到極點，完全失去理智，不會看火勢，風吹猛烈，火焰逼人，連房屋的地基都被燒焦，大聲叫嚷之際，附近一帶全被火燒成灰燼，家屋也不能挽救，財物蕩然無存，飢寒交迫，憂心如焚，這一輩子就算完了。那些吝嗇的人，捨不得把東西送人，情形如同上述，自己的身命是無常的，不知道剎那間也難保住，還要大肆聚斂，縱使百般保護和愛惜，也不知那天死期一到，忽然離開人世時，形體如同泥土或朽木一樣，儲存的財產，也會形同廢物一樣。其結果，跟上述的笨人相同。（卷十一、《大正藏》一四〇頁中段）

布施得福

在大月氏的弗迦羅城裡，有一位繪畫師叫做千那。他前往東方的多利陀羅國，作客十二年，從事繪畫生涯，結果得了黃金三十兩。他懷著巨款要回國，走進城裡時，忽然聽到打鼓召開大會的聲音。他走前去一看，竟然聚集一大羣出家人。因爲他們都有清淨的信仰心，所以，他走去向其中一位掌管總務的維那打聽：「你們有這麼多人聚集在這兒，到底要有多少東西，才能供養你們一天的伙食呢？」那位維那回答：「只要有黃金三十兩，就足夠一天的伙食了。」千那一聽馬上掏出所有的黃金，布施給那位維那說：「我供養你們一天的伙食費，我明天會再來。」結果，他當然要空手回家了。

回到了家裡，妻子問他：「你工作十二年，到底賺到多少錢啦？」

他回答：「我賺到黃金三十兩。」

妻子問：「那錢在那裡呢？」

他回答：「我把它種在那塊生福德的田地（出家人）裡了。」

妻問：「所謂能夠生福德的田地是怎麼回事呢？」

他回答：「我把它布施給那些出家人了。」

妻子一聽，就把丈夫綁起來送去衙門，央求治他的罪狀。

官員問她：「到底什麼理由呢？」

妻子說：「因爲我丈夫是一個發瘋的蠢漢，在外國作客十二年，替人作畫得了黃金三十兩，不料，他居然不憐憫家中的妻兒，竟將那筆錢全部送給人。所以，我才把他捆起來送到官府治他的罪。」

官員轉問她的丈夫：「你爲什麼不把錢拿回家來養育妻兒，反而將它送給人呢？」

他回答：「正因爲我前世沒有行功德，今生才會這樣貧困潦倒，受盡不少辛酸苦楚。因此，我今生才要在福田上耕耘。倘若我不能在那裡種福，來世恐怕也會照樣貧困。世代貧困，終究不能脫離，我現在希望趕快拋棄貧困，基於這種理由，我才把賺來的錢全部布施給衆僧了。」

這位官員是一位佛教的在家信徒，信佛誠摯，心地清淨。他聽了這些話，也不禁讚嘆地說：「你吃盡苦頭，才收到微薄的工資，而且將它全部布施給出家人，你真是一位大好人。」於是，官員解下自己身上的瓔珞（繫有玉的首飾），並將自己的坐騎以及一個村落的領地，統統布施給窮人，同時，告訴他說：「你先前布施給一羣修行者，那些修行者還沒有吃用。這就像還沒有將穀種播下去，就已經萌芽一樣，緊跟著就要有大的果報了。」（卷十一、《大正藏》一四一頁下段——一四二頁上段）

韋羅摩菩薩

《阿婆陀那經》上面有一段記載如下：

且說閻浮提有一位國王，名字叫婆羅婆。當時，有一位婆羅門的菩薩，名字叫韋羅摩。他原來是國王的老師，教導國王學習轉輪聖王（理想國王）的法。

韋羅摩是一位擁有無數財產的巨富，滿倉珠寶。一天，他在心裡尋思：「大家都在稱讚我是貴人，財產無數，也會利益衆生。現在正是時候，我應該大行布施才對。富貴雖然是很快活的事，可是，一切都難逃無常。世上的財物，不外屬於王、賊、火、水、敗家子等五者的共有物，不可能獨自霸佔，反而會讓人心意散亂，容易肆無忌憚，坐臥不安。情況如同猴子不停地打轉，片刻也不能停留在一處。人的生命，好像閃電一樣，迅速地消失。人類的身體也是無常，無異諸苦的聚集所在。基於這些理由，以後要實行布施才對。」一想到此，他親自執筆寫下自己的心意，傳遍閻浮提的所有婆羅門和出家人說：「諸位不妨屈尊到舍下來，從現在起，我要大行布施，希望連續十二年。」他果然這樣做，例如將飯汁放在船上，池裡儲滿乳酪，米與麵粉堆積如山，蘇油滿溝渠，舉凡衣服、飲食、臥具和湯藥等，全都是最上等的。他想要布施十二年。之後，在八萬四千頭白象身上，掛著犀皮造成的甲冑，金飾與首飾，又用珍奇寶物建造巨大的金幢，以四種寶來裝飾。此外，又在八萬四千四馬上夾著犀皮造的盔甲、金飾和四種寶物。在八萬四千輛車上，全都掛有金、銀、琉璃、水晶等寶物裝飾，也用獅子、虎、豹皮來蓋覆，更用白劍、婆羅、寶幕和各種裝飾品來修飾。用八萬四千的四種寶物造成的床鋪，色彩繽紛，蓋在一邊，墊物柔軟細滑，藉此裝飾一番。紅色枕頭和棉被，放在床的兩頭，美妙與秀麗的服飾，無不俱備。在八萬四千的金鉢裡，裝滿銀製的穀物，在銀鉢裡，裝滿金製的穀物，玻璃鉢裡，裝滿琉璃製的穀物，琉璃鉢裡，裝滿玻璃製的穀物。計有八萬四千隻乳牛，各頭乳牛擠出一斛牛奶，金子裝飾牛角，身上覆蓋白色毛織品。只見八萬四千位美女的長相端莊，具備福德，全都用白珠名寶裝飾在身上。大體上列舉這些要點，此外尚有許多細節，無法一一記載。

當時，婆羅婆王和八萬四千位小國的國王，以及許多家臣、人民、豪傑、長者等，紛紛送了十萬古錢來支援，從此說法建祠。待全部完成後，布施也就結束了。

諸神之王——帝釋天（釋提婆那民）也大駕光臨，作偈告訴韋羅摩菩薩：

「天地（宇宙）間難得取到的東西，能夠讓大家充份快樂。你現在竟然拿到手上，用來布施佛道。」

當時，五淨居天（物質界的第四禪天）也現身讚嘆，說出下面的詩偈。

「據說有人要開門大行布施，你所作所為正是這個。因為憐憫芸芸眾生，才實踐這種行為追求佛道。」

這時候，諸天心裡暗忖：「我應當封閉金瓶，不讓雨水落地。為什麼要這樣做呢？因為世間雖然有人布施，卻沒有生福德的田地（出家人）。」當時，魔王告訴淨居天：「一羣婆羅門紛紛出家，守戒清淨，進入悟道，為什麼你說沒有生福德的田地呢？」淨居天說：「這些菩薩純粹為了佛道才行布施。現在，那些人全都有邪見，我才會說沒有生福德的田地。」魔王問淨居天說：「你怎麼知道這些人是為了行佛道才去布施呢？」

說話間，淨居天化身爲婆羅門，端著金瓶，手持金杖，走訪韋羅摩菩薩的居所。問他說：「你大行布施，放棄一切所想放棄的東西，到底你想要求什麼呢？你想做那個具足轉輪聖王七寶的一千個兒子之一，成爲普天下之王嗎？」菩薩回答：「我不求這個。」「你想做諸神之王——帝釋天，藉此成爲八千那由他（那由他等於千億）的天女主人嗎？」答說：「不是。」「那麼，你想做六欲天（屬於欲界的六種天）的主人嗎？」回答：「不是。」「你想做梵天王，成爲一切世界的主人，天下蒼生的主宰嗎？」「不是」，「那你到底要求什麼呢？」菩薩聽了才說出下面的偈語：

「我要求無欲的情狀，希望脫離生、老、病、死。

我想要渡盡芸芸衆生到彼岸，只求這種佛道。」

化身婆羅門的淨居天說：「佛道難得，一定要歷經一番辛苦才行，你的內心軟弱，易趨安樂。縱使求得到也絕對無法成就這項佛道。我剛才提到的轉輪聖王、諸神之王、帝釋天、六欲天或梵天王，這些都不難得到，追求這些不是比較好嗎？何苦去求佛道呢？」菩薩回答：「請你仔細聽聽我內心誠摯的誓願。」

「縱使熱烘烘的鐵輪在我的頭上旋轉，
我也要一心求佛道，直到最後也不會悔恨。
縱使在三惡道（地獄、餓鬼、畜生）與人類世界裡，會有無量苦惱，
我也要一心求佛道，到最後不會因此改變心意。」

化身的婆羅門說：「施主呵！好極了！好極了！你求佛的心意竟然這樣堅定。」接著，他唱誦一首讚嘆的詩偈：

「你的精進力很偉大，竟肯慈憐一切衆生。
智慧無掛礙，不久會實現成佛的願望。」

這時候，天花如雨點般地降下，開始供養菩薩了。許多封閉瓶子的淨居天，立刻隱身不再出現了。

菩薩此時走到婆羅門的上座前面，正用金瓶灌注水時，水被封閉掉不下來。一羣人覺得奇怪，說道：「這種大布施全部具備，施主的功德如此巨大，爲什麼瓶子的水不會落下來呢？」菩薩暗自尋思：「這不是別的事，難道我的心不夠清淨嗎？難道是布施的東西不充份嗎？到底爲什麼會這樣呢？」於是，他開始細心觀察關於祭祀的十六種經典，發現清淨沒有瑕疵。

當時，諸天告訴菩薩：「你不要疑悔，你不是沒有準備充份。原因是，那些承受布施的婆羅門邪惡不清淨。」接著，又作偈說道：

「他那網狀般寬闊的邪見與煩惱，會破壞正確的智慧。
脫離許多清淨戒，恐怕會墮入苦惱與異道裡。」

「基於這個理由，水才會封閉掉不下來。」一說完話，諸天忽然失蹤不見了。當時，六欲天放出各種光明，照耀那一大羣人。之後，作偈告訴菩薩說：

「你去那邪惡滿盈的海裡，正道不會跟著來，
承受這種布施的一大羣人裡，沒有人像你這樣正當。」

一說完話，六欲天忽然失去蹤影了。此時，菩薩心裡暗忖：「在這個聚會裡，的確沒有人跟自己一樣，水所以被封閉掉不下來，果然是這個緣故嗎？」接著，他唱出下面的偈語。

「如果在十方天地裡，不乏理想與清淨的人，那麼——
我現在會皈依他們，叩頭禮拜，右手端瓶，左手灌入，之後會親自發誓，我要獨自接受這種大布施。」

忽然，瓶裡的水湧流而出，從空中落下來，灌入左手裡。婆羅婆王目睹這種反應，心裡十分尊敬，作偈語說道：

「偉大的婆羅門王啊！清澈如琉璃色的水，
從上面流下來，會注入你的左手上。」

當時，這羣婆羅門都起了尊敬心，他們合掌禮拜，皈依這位菩薩了。菩薩趁機作偈說：

「我現在大行布施，並非自己追求全世界的福，全都爲了天下蒼生，意欲用這個來求佛道。」

一說完偈語，所有大地，山河，樹木等，無不反覆六次震動起來。韋羅摩跟原來一樣，說道：「這些人當然適宜接受供養，我要給他們布施。」然而，他已經明白眼前這羣人並不適宜接受布施，所以，他現在以憐憫心，把得到的東西統統施捨給這些人了。

許多人常說各種布施的「本生因緣」。（卷十一、《大正藏》一四二頁中段——一四三頁中段）

佛的一偈

《本生因緣》裡有下面一段話：

當釋迦牟文佛尚未覺悟成佛，還在做菩薩的時候，曾經當過一個大國的國王。當時，世上既無佛和法，也沒有比丘集團。這位國王出巡四方，渴求佛法，無奈，他始終不能如願。

那時候，剛巧有一位婆羅門跑來稟告國王：「我知道佛說過的偈語，只要您肯供養我，我會馬上說出來給您。」

國王問他：「你要什麼供養呢？」

對方回答：「只要您肯從自己身上割下一塊肉做燈蕊供養我，我就會給您一首偈語。」

國王心裡尋思：「我現在身體危險又脆弱，很不清淨，幾乎有數不盡世代在受苦。但是，自己以前不曾將身體用在法上面，現在才能用得上，實在十分難得。」

一想到此，他把旃陀羅（賤民）叫來，將自己身上的肉割一塊下來造燈蕊，自己執白布把肉纏住，注入奶製的油汁，頃刻間把全身燒燃起來。眼見火勢熾烈時，婆羅門才肯把那一首詩偈說出來給國王。（卷十一、《大正藏》一四三頁中、下段）

鴿子救人

釋迦牟文佛原來是一隻鴿子，棲息在雪山裡。有一天，雨雪交加，剛巧有一個人迷了路，落魄艱苦，飢寒交迫之下，眼見他命在旦夕，那隻鴿子看到了，立刻飛去找火，奮不顧身去聚集一堆柴薪點起火來，另外，牠不惜用自己的身體投入火裡，布施給這個飢餓的迷路者。（卷十一、《大正藏》一四三頁下段）

提婆達多與訶多

提婆達多滿懷邪見，罪狀多端，訶多也有不少撒謊罪狀。如果站在佛道的立場上說，這些都不是清淨法的布施。那只不過是追求名望或利益，要人尊敬或供養等類的東西罷了。因爲有這些惡心的罪狀，提婆達多才會活生生的墮入地獄裡，而訶多在死後也淪落惡道（地獄、餓鬼、畜生）裡去。（卷十一、《大正藏》一四三頁下段——一四四頁上段）

阿輸迦王與一位法師

阿輸迦王一天建造了八萬座佛圖(佛塔)。雖然,國王事實上尚未看見覺悟之道,不過,他倒有些佛法所謂的信心與歡喜。他每天恭請一羣比丘,進入宮裡,奉上供養。同時每天依序留下法師來說法。

有一位年輕法師精通三藏(經、律、論),他天資聰明,長相端莊,眼見馬上要輪到他說法了,所以,他坐在國王旁邊。他的嘴裡有一股意外的香氣噴出來。國王驚疑之餘,心想:「這是很不對勁,他想用嘴裡的香氣擾亂宮裡的人。」他不禁問比丘:「你的嘴裡到底含著什麼東西呢?你張開嘴巴讓我看看好嗎?」對方立刻張開嘴巴,但表面什麼也沒有。國王又吩咐他用水漱一漱口,不料,香氣照樣存在,芳香撲鼻。國王好奇地問他:「尊者呵!這股香氣是新近產生的呢?還是以前就有了呢?」比丘回答:「這股香氣很早就有了,不是現在才有。」國王又問:「你很早以前就有了嗎?」比丘作詩偈回答:

「遠自迦葉佛（過去七佛之一，第六位佛）時期，我就聚集了這股香噴噴的法。從此以後，歷經悠久的歲月，也會噴出新的香氣。」

國王說：「尊者呵！你說得太簡略，恕我無法理解，請你給我詳細解說好嗎？」對方答道：「大王呵！我現在開始講，請你仔細聽好。遠在迦葉佛的法盛行時代，我就是一位說法的比丘，經常站在大庭廣衆之間，欣然演講。其間，我認真讚嘆迦葉世尊的無量功德，諸法的真情實狀，親近無量的法門，教誨芸芸衆生。從此以後，我的嘴裡就常常出現奇異的香氣，世代不絕，一直像今天的情形。」之後，他作偈說道：

「我口裡流出的香氣，遠超過許多草木的華香，

頗能讓芸芸衆生心裡歡悅，世代都不會斷絕。」

這時候，國王感到一陣羞愧與喜悅，稟告比丘說：「這是前所未有的情狀，這正是說法的偉大功德與果報。」比丘說：「這個現象應該叫做華，還不算果實。」國王說：「這種果實是怎樣的情狀呢？請你給我說明好嗎？」對方答說：「大體上說，果實有十種。大王呵！請你仔細聽清楚。」接著，他給國王說出以下的偈語了。

「以端正聞名，可得到快樂與尊敬。
它的威光彷佛日月，深得萬物的喜愛。
辯才無礙，智慧深妙，常常消滅一切煩惱。
滅去苦惱，得入涅槃，誠如上述叫做十。」
國王說：「尊者呵！如果想讚嘆佛的功德，要怎樣才能得到這種果報呢？」此時，只聽比丘作偈回答：
「讚賞佛的諸般功德，好讓一切衆生到處都能聽到。
若能如此，可以獲得果報，藉此才能得到很大名譽。
讚嘆佛的真正功德，好令一切衆生歡喜。
若能如此，因有這份功德，世代才會端正。
給人說明罪與福，好讓衆生得到安樂。
若能如此，因有這份功德，才能承受樂果，常常歡喜。
讚嘆佛的功德力，好讓所有的衆生信服。
若能如此，有了這份功德，常能獲得恭敬的回報。
點亮說法的燈，讓天下蒼生得到亮光。

若能如此，有了這份功德，威光才會天天輝煌。
多方讚嘆佛的功德，好讓一切衆生歡悅。
若能如此，因有這種功德，才能常常受人敬愛。
竭盡巧妙的語言，讚嘆佛的德行既無量又無窮。
若能如此，因有這份功德，才能辯才無礙。
讚嘆佛不可思議的妙法，使一切衆生再無過咎。
若能如此，因有這份功德，深妙的智慧才會清淨。
讚嘆佛的功德時，可讓衆生的煩惱淡薄下來。
若能如此，因有這份功德，自己的煩惱會消失，許多穢垢才會滅盡。
因爲自己與別人的煩惱消失，自己也等於證得涅槃。
譬如大雨傾盆，火勢滅熄，連餘溫也消失一樣。」

法師再重複告訴國王說：「倘若還有不明白之處，不妨趁現在問我。我一定用智慧之箭，擊破你疑問的軍隊。」國王禀告法師：「我的心現在很歡喜，恍然大悟，沒有疑問了。尊者呵！我知道有福的人才能讚嘆佛。」（卷十一、《大正藏》一四四頁上、下段）

舍利弗達不到彼岸

舍利弗經過六十劫的悠久歲月，一直在實踐菩薩道，想要渡過布施這條河。一天，有一個人走來向他乞求布施，他向舍利弗要求布施眼睛。舍利弗說：「我不答應布施眼睛。你為什麼要求那個呢？如果你要求我的身體與財物的話，我一定會布施給你。」對方答道：「我不要你的身體和財物，我只想要你的眼睛，如果你在實踐布施的話，就請你用眼睛布施好了。」

舍利弗聽了不慌不忙地掏出一隻眼睛遞給他了。不料，那個行乞人得到眼睛後，站在舍利弗面前故意拿到鼻前聞一聞，討厭它有臭氣，立刻吐了口水，丟棄在地上，再用腳去踩踏。舍利弗心裡暗忖：「要渡這種壞蛋到彼岸很不容易。事實上，自己用不到眼睛，還要向人強求，到手後又丟棄，再用腳去踩它，未免太可惡了，像這個傢伙，根本不能渡他到彼岸。不如我自作調整，早日從這個世間解脫便了。」一想到此，他退出菩薩道，開始轉向小乘佛教了。這種情形叫做到不了彼岸。（卷十二、《大正藏》一四五頁上段）

譬喻毒蛇

《佛說毒蛇喻經》裡有下面一段話：

且說有一個漢子得罪了國王。國王命令他使勁兒地用手抓緊一個箱子。原來，箱子裡有四條毒蛇。國王命令他要看好和養育這四條蛇。漢子心想：「四條毒蛇很難接近，一接近非受害不可。養一條已經不容易，何況，還得養育四條？」在這種情狀下，他趕緊棄箱逃走了。國王命令五個人帶刀去追趕他。犯人跑到中途又遇到一個人，這個人嘴裡說些附會的話，心裡卻希望陷害對方。只聽他對犯人說：「養育若有道理，那也不會苦。」但是，犯人明白對方的意思，反而跑得更快，逃命去也。

不久，他逃入一座廢墟。那裡有一個好人，用各種方式告訴犯人：「雖然，這座廢墟現在雖空無人跡，可惜，這裡是賊窩。倘若你住在這兒，必然會遭到賊子的陷害。千萬要小心，還是早走為妙。」

犯人聽了只好離去，他走到一條大河邊了。河的對岸是另一個國家，該國的環境安樂，土地平坦，民俗清淨，也沒有諸般苦難。於是，他搜集一大堆草木編成木筏渡河了。他盡力運用手腳，希望趕快到對岸，待他好不容易上岸一看，那裡不但安樂，而且沒有苦難。

以上的敘述純粹是一篇譬喻，所謂國王者，乃魔王是也。箱子係指人的身體。四條毒蛇指四大（地、水、火、風）。五個帶刀的賊子也指五陰（色、受、想、行、識）。對於一個人口裡說好話，心懷惡意的看法等於執著。廢墟是指六情（眼、耳、鼻、舌、身、意）。行將來襲的賊羣，是指六塵（色、聲、香、味、觸、法）。遇到一個好心人指點迷津，他是一個良師。大河正是渴愛。木筏無異八正道（正見、正思、正語、正業、正命、正精進、正念、正定）。手腳拼命活動要渡河，表示精進。此岸指俗世。對岸指涅槃。渡河者是一個斷了煩惱根源的阿羅漢。

（卷十二、《大正藏》一四五頁中段）

七住菩薩㈠

七住菩薩（註）是獲得諸法的真情實況與智慧，莊嚴佛國土，教化眾生，供養諸佛，得到偉大的神通了。藉此才能把自己分化成無數的身體，並讓每個身體把七寶、華香、幡蓋等，如雨點般地散落，化成一個大如須彌山的巨燈，供養十方諸佛與菩薩教團。他又發出妙音，歌誦和讚嘆佛的德行，希望能迎來禮拜，供養和尊敬。（卷十二、《大正藏》一四六頁上段）

註：從一位（凡夫）到十位（佛的階段中，第七段即是七位，意指會成佛的菩薩）。

七住菩薩(二)

七住菩薩來到所謂十方無量的餓鬼國裡，讓各種飲料、食物、衣服和被子，如雨點般地落下，使餓鬼得到充份的滿足。待他們得到滿足以後，又令他們有發起追求無上正覺的心。之後，這位菩薩又走進畜生道裡，讓他們能夠潔身自愛，不要有互相陷害之心，並除去其惶恐，一定要這樣，才能使大家得到滿足。得到滿足以後，再讓他們有發起追求無上正覺心。之後，這位菩薩又進入地獄的無量苦惱裡，認真撲滅地獄的火，讓滾水冷卻，消除罪惡，心地變成善良，除去飢渴，使他們能夠出生天上或人間世界。基於這些因緣，好讓大家能發心去獲得無上殊勝的正覺。同時，這位菩薩又踏入十方貧困的人羣裡，向他們施捨財物，而對那些位居富貴的人，施捨不同尋常那種馨香和靜好的顏色，好讓他們歡喜。基於這種因緣，俾使他人發心去獲得無上殊勝的正覺。這位菩薩又進入欲望界的諸天裡，使他們能夠除去天上的欲望。之後，施給他們美妙的寶物與法樂，令他們歡喜。基於這個因緣，好讓他們發心去證得無上殊勝的正覺。這位菩薩又進入物質界的諸天裡，俾使他們不執著快樂。運用菩薩的禪法，令他們快活。基於這個因緣，好讓大家發心去證得無上殊勝的正覺。這樣一來，七住菩薩才算證到十住的佛果位。

（卷十二、《大正藏》一四六頁上段）

須提犁拏太子

須提犁拏太子先把兩個兒子布施給婆羅門。之後，又把妻子布施出去。即使這樣，他的心還沒有動搖。（卷十二、《大正藏》一四六頁中段）

薩婆達王

且說薩婆達王的國家被敵國毀滅，才迫使他隻身逃到人跡罕見的叢林裡躲藏起來。只見一個遠道跋涉的婆羅門走過來，想向他求乞。雖然，薩婆達王國破家亡，僅剩下自己逃出來躲在這裡，但他憐憫這個婆羅門的處境，老遠走來，仍然一無所得，就毅然告訴婆羅門說：「我是薩婆達王，現在，新國王正在召集衆人到處搜查我。」說到此，他自己反手自綁，將自己的身體布施給那個婆羅門。婆羅門果然將他送給新國王，而得到大批財物了。（卷十二、《大正藏》一四六頁中段）

月光太子

一天，月光太子出門觀光。一位癩病的患者看見時，走到他的車前伏下，稟告太子說：「我身體患重病，病苦與煩惱極了。但見太子消遙自在地遊玩，難道只有一個人會很快活嗎？請您大發慈悲，救救我，替我醫病好嗎？」太子聽了轉問醫生。醫生說：「一定要用一種血髓，那種血髓出自一個人從出生到成長期間，從來没有發瞋過，必須用這種人的血髓擦在病人身上，也要讓他服下。這樣才能把病人治好。」太子心裡尋思：「即使有這種人在場，他恐怕也會貪生怕死，不肯獻出身上的血髓。那麼，到那兒去找這種人呢？顯然除了自己的身體以外，再也找不到血髓來源了。」他即刻下令旃陀羅（賤民）快替自己刮下身上的肉，擊破骨骼，掏出血髓來擦在病人身上，也讓他喝下肚裡。（卷十二、《大正藏》一四六頁中段）

六牙白象

從前，釋迦文佛出生爲六隻牙齒的白象。有一個獵戶伺機用毒箭射殺，只見許多隻象氣喘喘跑過來，意欲踩死那個獵戶。白象則用自己的身體擋著，竭力護持他，疼惜他好像疼愛自己的孩子一般。當那羣怒象離開後，白象緩緩地問那個獵戶說：「你爲什麼要射殺我呢？」對方答說：「因爲我要你的牙齒。」不料，白象馬上以六隻牙戳進石孔裡，連血肉都拔出來。之後，又用鼻子取出牙齒，捧上給獵戶了。（卷十二、《大正藏》一四六頁中、下段）

迦頻闍羅鳥

某年，閻浮提的人不懂得禮敬那些德高望重的老人，和品學兼優之士；雖然用語言來教化，但很難做到。

當時，一位菩薩親自化身爲迦頻闍羅鳥。這隻鳥有兩個好友，一個是大象，另一個是獼猴。牠們一塊兒棲息在必鉢羅樹下，彼此互相走訪，說道：「到底我們之中，誰的年紀最大呢？」象說：「從前，我看過這棵樹還在我的肚子下，如今，己長成巨木，由此推測，我一定最年長才對。」猴子說：「記得我蹲在地面時，我伸手可以撈到這棵樹的頂端，由此推測，我的年歲最大才對。」鳥兒說：「我在必鉢羅樹林裡，吃過這些樹的果實。那時，它的種子跟我的糞便一塊兒出來，這棵樹才能成長起來。依此推測，我應該年紀最大。」象又說：「後來出生的人要尊敬、供養年長者。」只見大象立刻揹著猴子，鳥兒坐在猴子身上，緩緩地前進了。其他禽獸看見，無不好奇地問道：「你們爲什麼這樣呢？」牠們回答：「我們用這種方式來恭敬和供養年紀大的人。」

禽獸得到感化，也紛紛出來敬禮。之後，牠們既不來侵犯人民的田地，也不會加害其他生物了。許多人奇怪爲何所有禽獸都不會出來侵犯呢？不禁疑惑起來。剛好獵人走進森林裡，目睹象揹著猴子。鳥騎在猴子頭上，表示一番恭敬，這個現象影響到其他生物界，也使其他動物都紛紛修善了。此事傳遍全國各地，大家都在慶賀，說道：「正是太平時期，連鳥兒與獸類都有同情心。」人人都爭相學習和做效，彼此都在敬禮。這樣一來，自古至今，真是影響深遠。（卷十二、《大正藏》一四六頁下段）

佛坐在水上

佛在耆闍崛山（別名靈鷲山，位在王舍城東北部）上，率領一羣比丘要前往王舍城。途中，他們遇到一株巨木，佛把尼師壇敷設好，然後坐下告訴比丘說：「如果你們進入禪定，心已得到自在的境界，自然能把這株巨木當成平地，也就是能把它看成實際的地面了。爲什麼呢？因爲木裡有地的成份。因此，水、火、風、金、銀等各種寶物，實際也都能如此。爲什麼呢？因爲在木裡都有那幾種成份。」（卷十二、《大正藏》一四八頁上段）

美女

如果一位美女當前，讓一個淫蕩的男人看到，他會覺得她清淨美妙，心裡起了執著。若讓一個修持不淨觀的人看到，她無異會呈現各種缺點，全身無一乾淨。若讓同樣漂亮的女人看到，恐怕會起嫉妒、瞋恚、憎惡，怎麼也不想看，以爲她根本不乾淨。

這樣看來，淫亂之徒看到同樣的美女，會覺得舒服。嫉妒的人看見會很苦惱。修行者看到時，會透過不淨觀而後得悟。無心賞玩的人看了，會完全無動於衷，彷佛目睹一塊泥土或一根木頭。倘若這個美女真正清淨，當然，讓以上四種人看到也全都會把她當做清淨身。如果不清淨，四種人看了也必然都覺得不清淨了。

由此可知，因爲自己心裡存有美醜好壞，實際上，這些並非存在外界的東西。（卷十二、《大正藏》一四八頁上段）

鬼子

且說一個漢子奉命到遠地出差。一天夜晚，他來到一棟空房裡過夜了。不料，到了深夜，忽然看見一個鬼子挑著一具屍體進來，然後把屍體放在他的前面。誰知後面又有一個鬼子追來，怒斥先前那個鬼子說：「這具屍體是我的，你怎麼可以挑著來呢？」先來的鬼子說：「它是我的，根本是我自己弄進來的。」後來的鬼子說：「這具屍體實際上是我挑來的呀！」於是，這兩個鬼子各自拉住屍體的一隻手，開始爭吵不休。

先來的鬼子說：「這裡有一個人在場，你不妨去問他好了！」後來的鬼子立刻發聲問道：「你說這個屍體到底是誰挑進來的呀？」那個漢子暗想：「這兩個鬼子力氣强大，如果我說實話，必然會被殺害，如果我撒謊，也恐怕難逃一死，反正說不說實話都難免一死。即然這樣，那又何必說謊呢？」於是，他毅然表示：「先來那個鬼子挑進來。」果然不出他所料，後來的鬼子勃然大怒，拉著漢子的手，硬把他拖出外面來。前來的鬼子拿起屍體的一隻手臂，碰到那漢子的身體很快地就黏住他了。這樣一來，漢子的雙臂、雙腳。頭部和肘部，甚至全身上下都不能動彈了。於是，兩鬼同時吞食這個漢子的身體，之後，擦擦嘴巴離去了。漢子暗忖：「父母給我的身體，竟讓我眼睜睜地被兩鬼吃光了。現在，我的所有身體都成了別人的肉，到底我現在有沒有身體呢？如果說有我，那也全是別人的身體，如果說沒有，那麼，現在也還有這個身體。」一想到此，他像瘋子般地，內心迷惘極了。

次晨，他問路離去，前往以前的國境。那裡有許多佛塔和比丘，他跑前去問他們，到底自己有沒有身體呢？諸比丘問他：「你到底何許人耶？」漢子回答：「我也不知道自己是不是人？」諸比丘過來紛紛討論這件事情了。他們說：「他自己知道無我，應該很容易可以渡到彼岸。」於是，他們對漢子說：「本來，你的身體即是無我，並非遇到這種情況才忽然成爲無我。身體本來是由四大（地、水、火、風）巧妙結合，連自己也以爲是自己的身體。好像你原來的身體，跟現在也沒有一點兒差別。」一羣比丘渡他到對岸，幸好他能開悟，才斷了許多煩惱，立刻證得阿羅漢果。（卷十二、《大正藏》一四八頁下段）

佛・菩薩的布施(一)

釋迦牟尼佛當初下決心要追求悟道時，是一個大國的國王，名字叫光明。他在求悟之餘，實踐各種布施。待他投胎轉世，竟做了陶器師。他常常把沐浴的盆具，和糖漿布施另外的釋迦牟尼佛和比丘等僧團。之後，他的身體又投胎轉世，做了一位大長者的女兒。於是，她用燈來供養憍陳若佛了。

（卷十二、《大正藏》一五〇頁中段）

佛・菩薩的布施(二)

在釋迦文尼佛當年出生爲長者之子的時代，曾用衣服布施給大音聲佛。待那位佛入滅後，他建造了九十座塔。之後，他的身體投胎轉世，才成爲一個大國的國王。他又用七寶的覆蓋來供養師子佛了。後來，他投胎轉世，成了一位大長者。他又用美侖美奐的房子，以及七寶的妙華等來供養妙因佛了。（卷十二、《大正藏》一五〇頁中段）

佛・菩薩的布施㈢

釋迦文尼佛的前身曾經當過仙人。當時，見憍陳若佛風度端莊，十分美妙，忍不住從高山上投身到佛前。但他的身體安穩如常，站在佛的旁邊。

眾生喜見菩薩把自身做當做一盞明燈，來供養日月光德佛。（卷十二、《大正藏》一五〇頁中段）

提婆達

提婆達的前輩子曾經是一條蛇。當時，一隻蟾蜍與一隻烏龜同在一個池塘裡，共結親友。後來，池水枯乾，飢餓困乏，處境艱困得奄奄一息，無處可以訴苦。這時候，蛇派烏龜去叫蟾蜍。蟾蜍說出下面的偈語後，又派烏龜去說明。

「如果遭到貧困，以至失去本心，終於不能好好考量本來的意義時，應該以飲食爲優先。

你用我的聲音將此事告訴蛇，蟾蜍直到最後也不會到你的身邊。」（卷十二、《大正藏》一五〇頁下段）

文殊師利與小孩

遠在久遠劫的過去世，文殊師利曾經是一名比丘，一天，他進城去行乞時，乞得滿鉢的百味歡喜丸。城裡有一個小孩在後面緊緊追來，向他求乞，但是，他並沒有馬上給小孩。片刻後，走到佛塔旁邊，他才親自遞兩丸給小孩，並且有約在先：「如果你自己吃一個，另一個肯布施給比丘的話，我才會施捨給你。」說完後，馬上遞給那個小孩兩個喜歡丸了。當他把另一個歡喜丸布施給比丘後，就走到文殊師利那裡去受戒，決心要得悟成佛了。（卷十二、《大正藏》一五〇頁下段）

佛・菩薩的布施

釋迦文尼佛的前身是一位大醫王，他能醫百病，但不求名也不要利。原因是，他憐憫芸芸衆生。無奈，病人實在太多了，他解救不完。縱使他有心同情天下蒼生，卻不能如願以償。以至苦惱而死，死後出生到忉利天（也譯成三十三天，欲界的六天裡，屬於第二天），他暗自尋思：「我現在出生天上，雖然只得到福的果報，卻不能長期利益衆生。」一想到此，他即刻用各種手段，親自毀滅身體，他捨棄在天上的壽命，投生到娑伽陀龍王的宮殿，當了龍王的太子。待身體逐漸成長，深受父母的疼愛。無如，他自己有意求死，就來到金翅鳥王這裡。這隻鳥兒不管三七二十一，抓住龍王的兒子，飛到舍摩利樹上吞食了。身爲父母的龍王夫婦失聲痛哭，傷心欲絕。

且說龍王的兒子死後，又投胎轉世到閻浮提來，成爲一個大國的太子，名叫能施。他一出生就能說話，只聽他問左右的人：「現在國內有那些東西呢？全都給我拿過來，我要用來布施。」許多人惶恐之餘，紛紛捨棄太子離去。只有母親憐愛太子，親自照料他了。但是，他對母親說：「我又非羅剎鬼，爲什麼許多人要離我而去呢？我的命該如此，只是樂施好善罷了。我要做芸芸衆生的施主。」母親聽了，把話轉告那些人，他們才又回來。母親小心養育太子，到了年紀逐漸成長時，他終於將自己的東西全都布施出去。他又來找父王，央求更多東西布施。父王滿口答應，給了他所央求的東西，結果，他又全用於布施了。只要他看到閻浮提有窮困和可憐的衆生，他都有意施捨給他們，無奈，財物終究不夠用。於是，他哭著去請教某些人：「到底要用什麼方法，才能讓芸芸衆生得到滿足的財物呢？」那些經驗豐富的人說：「我聽說有一種如意寶珠，如果能夠到手，可以隨心所欲，要什麼，就有什麼。」太子聽了，跑去稟告父母：「我現在要下海去拿龍王頭上的如意寶珠了。」父母親答道：「我只有你這個兒子，如果你下海去，困難重重，你很難克服它。我們一旦失去你，以後不知要怎樣活下去？所以，你不能去。現在，我們還有不少庫存，全部給你吧！」兒子說：「庫存到底有限，我想用財物滿足衆生，希望不讓他們有缺乏或不夠的念頭。希望你們答應我，讓我能成就心願，俾使閻浮提的芸芸衆生心滿意足。」父母知道他的大志，也就不加阻止，放他去了。

此時，有五百名商人久仰太子有巨大的福德，全都想要跟隨他去，當他們獲悉太子的行期時，都紛紛聚集在碼頭等待。太子聽說婆伽陀龍王的頭上有一顆如意寶珠，就開始向人打聽：「誰知道如何去龍宮的水道呢？」有一個瞎子名叫陀舍。他曾經下過海，來回七次，深知海裡的途徑。太子立刻要他一塊兒去。但是，陀舍回答：「我現在年紀大了，雙眼失明。以前，雖然經常下海，現在卻不知道去路了。」太子說：「我現在去不是爲了自己。我要爲天下蒼生去找如意寶珠，藉此令他們心滿意足，無所匱乏，然後想以悟境與法的因緣來教化他們。你是聰明人，怎麼可以推辭呢？能否讓我如願？實際上，除了你以外，沒有別人幫得上忙啊！」陀舍聽了這句中肯的話，才欣然答應，乃告訴太子說：「我就陪你一塊兒去吧！但是，我此次恐怕不得安全回來。那時候，請你把我的屍體葬在大海的金沙洲上好嗎？」

當一切準備就緒，砍斷第七號繩索時，船也逐漸離去，不久來到一處多寶的沙洲。那些商人開始爭相取寶，而後稱心滿意地告訴太子說：「你爲何不拿呢？」太子回答：「我要的是如意寶珠，這些寶物有時而盡，不是我要的。你們應該各自知足，懂得份量才好。可別讓財物的重超過船重啊！否則，大家就回不去了。」一羣商人聽了，紛紛稟告太子說：「尊者呵！請你給我們念咒，保祐我們平安無事。」說完後，他們才退下去。

此時，陀舍告訴太子說：「要另外搭小船，改走別條路才行。等待七天的巨風，這時會改向海的南岸，到達一處險道。那裡有懸崖峭壁，附近有處棗林，樹枝全都蓋在水上面。大風吹到船時，船隻必定傾斜翻沒。你要趁此爬到棗樹上，這樣才能自救。因爲我的眼睛看不見，必定會死在此處。通過這條狹窄的岸，就是金沙洲了，請你把我的屍體放在沙灘中。因爲金沙清淨，這是我的心願。」

果然，情勢即刻被他料中了。大風吹來，船隨風而走，早已到了斷崖峭壁前，誠如陀舍的交待。他攀登到棗樹的頂端，藉此才得以脫險。之後，他把陀舍的屍體安置在金沙灘中。接著，太子依照他的吩咐，獨自走開。他在深水上面漂浮七天，之後，在水中行走七日，水深達到咽喉。當水深達到腰部，他又走了七天。待水及膝蓋時，他又在水裡走七天。以後才在泥沼中，又走七天，看到美麗新鮮的蓮華，柔軟潔白。此時，他想：「這些蓮華柔軟淨潔。我現在要進入虛空三昧裡使身體更輕。」於是，他在蓮華上走七天，目睹一大羣毒蛇。他心想：「毒蛇實在可怕。」於是，進入慈心三昧，在毒蛇頭上走七天。毒蛇全都抬頭向太子布施了，讓他在頭上安然過去。過了這道難關，望見一座七層寶城。那裡有七層的護城溝渠，溝裡全是毒蛇，還有二條巨龍在守門。龍看見太子的容貌端莊，舉止嚴謹，知道他歷經百般困難方能來到這裡。龍的心裡在想：「他不是凡夫，一定是有相當功德的菩薩。」於是，牠們即刻放行，讓他進去，直接進入王宮。

龍王夫婦自從失去兒子以來，仍然在為亡兒哀傷哭泣。眼見菩薩（太子）進來時，龍王的妻子一向有神通，知道是自己的孩子時，兩個乳房裡流出奶水了。她命令菩薩坐好，然後問他：「你其實是我的兒子。你離開我們，失去性命後，不知投生到那裡呢？」菩薩也明白自己的宿命，知道對方曾經是自己的父母。他回答母親：「我投胎轉世到閻浮提裏，當一個國王的太子。因為同情窮人飢寒交迫，不能脫離苦海，才特地跑來這裡，希望拿到如意寶珠。母親說：「你爸爸頭頂上有這顆寶珠，用來做裝飾，你不容易拿到手。他一定會帶你去儲存寶物的倉庫，任你選擇。那時候，你一定要這樣回答：

『我不需要這一大堆寶物，我只想要父王頭上的寶珠。如果您肯憐憫我的話，就請您送給我。』這樣說，他才會給你。」

他迅速跑去見父王了。父王大喜過望，發出歡叫聲。心裡同情兒子歷經百般艱辛，才好不容易來到眼前，乃指著一大堆美妙的寶物說：「你想要什麼，隨便拿去，我都會給你。」太子說：「我老遠跑來見父王，目的想要您頭頂上的如意寶珠，倘若父王同情我，就請您給我。否則，其他什麼都不要。」龍王答說：「我只有這個寶珠，當做首飾用。閻浮提的芸芸衆生的福德下賤，不宜看到它。」太子稟告：「我正因這個理由，才不遠千里，克服各種困難，冒著生命危險跑來。正因爲閻浮提的人福薄和貧賤，我才要用如意寶珠來解救他們，之後，我打算用佛道的因緣，來教化他們。」龍王把寶珠遞給兒子以後，約法三章：「我現在把這個珠子給你。當你去世時，你一定要把它還給我。」太子答說：「我會恭敬從命，不會失約。」

太子拿到寶珠後，躍到空中飛行，僅在伸手之間，就飛到閻浮提去。現世的父母目睹兒子生還，歡喜雀躍，把他摟在懷裡，問道：「你拿到什麼沒有？」答道：「我拿到如意寶珠了。」父母問道：「你把它放在那兒？」兒子稟告：「藏在我的衣角裡。」父母說：「什麼？這樣小的玩藝兒。」兒子稟告：「它的價值如神德，但體積很小。」他又稟告父母：「請您下令城內城外，所有地方都打掃乾淨，焚香掛起幡蓋，清淨內心，希望身體也能受戒。」次日清晨，找到一棵高樹，才把珠子掛在樹上。只見太子親自立誓說：「我若能完成佛道，讓衆生到達彼岸，得到解脫的話，寶珠正如我的心願，快出現一切寶物，依據大家的需要，好令他們稱心如意。」

發誓完畢，只見雲雨遍佈，各種寶物像雨點一般落下來，包括衣服、飲食、臥具、湯藥等，凡是人們生活所需要的東西全都齊備了。而且，直到他們的壽命結束以前，都如此不絕。（卷十二、《大正藏》一五一頁——一五二頁上段）

喜見轉輪聖王

喜見轉輪聖王一天在殿上會見八萬四千位小王時，他們紛紛獻上自己帶來的七種美妙寶物。聖王說：「我不需要這些東西，你們自己用來修福好了。」那羣小王心裡尋思：「聖王既然不要，我們自己也用不上。」於是，他們一齊用來建造工程，造了七寶宮殿，種植七寶並排的樹木，打造七寶的浴池，在這座龐大的宮殿裡，又造八萬四千座七寶的高樓，在各座高樓裡，全都安置七寶的床座，每床都放有兩個枕頭，床鋪上又有各種柔軟的被子，懸掛起幡蓋，地面塗上濃郁的香氣，諸如此類，無不俱備之後，他們才來稟告聖王：「請大王收下法殿，寶樹和浴池。」

聖王默然接受了。之後，他心裡暗忖：「我不應到新殿裡享受，我正要找一羣好人、沙門（出家修行者）和婆羅門等，請他們先進去接受供養，之後我才進去。」於是，他立刻聚集一羣好人，請他們先進到寶殿，接受各種供養，奇珍異寶，樣樣俱備。待他們出來以後，聖王才進入殿裡，登上金造的高樓，坐在銀床上，心裏掛念布施，除去五蓋（籠罩善心的五種害處：貪欲、瞋恚、睡眼、掉悔、疑惑），壓制六情（眼、耳、鼻、舌、身、意）、拒絕六塵（色、聲、香、味、觸、法），承受歡喜與快樂，進入初禪裡。接著，他登上銀造的高樓，坐在金床上，進入第二禪定裡了。之後，他登上毗琉璃的高樓，坐在玻璃寶床上，進入第三禪裡了。然後，他登上玻璃寶高樓，坐在毗琉璃床上，進入第四禪定裡了。這是最高的禪定境界。他獨自坐著，一直在沈思，持續三個月才結束。玉女與寶后率領八萬四千名侍女，她們全都用白珠名寶，纏在身上走來，稟告聖王：「好長時間不曾親睹聖王的神采，才特地前來問候。」聖王告訴他們：「你們大家都要有端正的心意，也都得做我的善友，希望不要使我怨憎。」玉女和寶后都掉淚說道：「聖王呵！你爲什麼這樣冷淡稱呼我們呢？您大概變心了吧？請您聽聽我們的心意好嗎？爲什麼命令我們必須做善友，不要成爲你的怨憎呢？」聖王告訴她們：「如果你們爲了跟我維持世間的因緣，一直纏住愛欲的事情，竭盡歡樂的日子，這樣等於是我的怨憎。如果領悟那不是不散的生活，知道身體彷彿夢幻，懂得修福積善，除去欲情的話，這就是我的好朋友。」玉女們說：「我們會遵從聖王的命令。」說完話後，她們才各自回去。

待她們離開後，聖王登上金樓，坐在銀床上，實行慈三昧。之後，他登上銀樓，坐在金床上，實行悲三昧。接著，他登上毗琉璃樓，坐在玻璃床上，實行喜三昧。最後才登上玻璃寶樓，坐在毗琉璃寶床上，實行捨三昧。

（卷十二、《大正藏》一五二頁中、下段）

德瓶的故事

某人平時都供養上天。雖然，他的生活窮苦，卻能一心一意，連續供養十二年後，他想成爲富貴身。上天同情他，乃親自現身下來問他：「你到底想要什麼呢？」

他回答：「我要求高貴身，凡是心裡想要的都能如願，這就行了。」

上天就遞給他一個器具，名叫德瓶（魔法瓶）。上天告訴他：「你想要什麼，全都能從這個瓶子裡流出來。」

他拿到手後，凡是內心所想要的，果然都紛紛出現，都能稱心如意，應有盡有，例如豪華的家屋，象、馬、車、七寶俱全，款待賓客，皆大歡喜。

有一個客人問他：「你以前一貧如洗，怎麼今天會如此富有呢？」

他回答：「因爲上天給我一個瓶子，裡面會流出各種東西，我才會這樣富有。」

客人說：「你把瓶子拿出來，叫它流出東西讓我見識一下。」

他只好答應客人的要求端出瓶子，也讓瓶子流出一大堆東西，誰知道他突然洋洋得意，心生傲慢，站在瓶子上，手舞足蹈起來。不料，瓶子馬上破碎，所有東西也都毀於一旦了。（卷十二、《大正藏》一五四頁上段）

破戒之罪

怎樣，才算破戒之罪呢？

一、破戒的人，都不會受人尊敬，家如墳墓，人人都不想來。

二、破戒的人，會失去許多功德。彷彿枯乾的樹木，大家都不來親近，也不喜歡他。

三、破戒的人，好像蓮花被厚霜摧殘得頹唐的樣子，讓人不愛看見。

四、破戒的人，心懷惡意，令人畏懼，猶如羅剎（惡鬼）一般。

五、破戒的人，會令人棄而不顧，好像口渴的人，不願走向枯井。

六、破戒的人，常常心存疑悔，好像罪犯對於自己的罪狀，一直提心吊膽的樣子。

七、破戒的人，猶如田地上覆蓋冰雹，無可依靠。

八、破戒的人，恰似苦瓜，形狀彷彿甜美的食物，但不能吃。

九、破戒的人，彷彿賊寨，在那裡沒有依靠。

十、破戒的人，好像患大病的人，誰也不欲接近。
十一、破戒的人，難免受苦，譬如惡道不易通行。
十二、破戒的人，不能一齊留下來，例如惡賊難與親近。
十三、破戒的人，譬如一個火坑，誰都避免走過去。
十四、破戒的人，極難跟人共處，彷彿毒蛇一般。
十五、破戒的人，不能親近接觸，彷彿大火一般。
十六、破戒的人，好像破船，不能乘風破浪向前進。
十七、破戒的人，好像被吐出來的食物，令人無法將它再吞進口裡。
十八、破戒的人，能夠擠在好人羣中，彷彿劣馬處在良駒羣裏。
十九、破戒的人，不同於善心者，猶如驢處在牛羣裡。
二十、破戒的人，置身在一羣熱心精進者之間，猶如身體差勁的孩子，擠在一羣健康的孩子中間。
二一、破戒的人，雖然說像比丘，事實上不是，無異屍體放在一羣睡眠的人中間。
二二、破戒的人，彷彿僞珠放在真珠裡。

二三、破戒的人，類似伊蘭草（有惡臭的毒草），生長在旃檀林裡。

二四、破戒的人，外表像好人，內心没有善法。彷彿他剃頭披上袈裟，後來手持竹棒一樣，名爲比丘，實際上不是。

二五、破戒的人，披上法衣，也像以熱銅板或鐵板纏在身上一樣。倘若捧著受人布施的鐵鉢，也似拿著烊銅器具一樣。如果在吃東西，無疑像吞食熱烘烘的鐵塊，喝了熱烘烘的烊銅。如果接受世人的供養與供給，那麼，他們像被關在地獄的一羣鬼卒一樣。如果他們進入精舍，無異走進大地獄。如果坐在教團比丘的位置，無異坐在熱烘烘的鐵座上。

二六、破戒的人時刻懷著恐怖，好像病重的人畏懼死期到來。那些五逆（註）的犯人，心裡難安，自以爲佛教的賊子，一直要躲藏和迴避。賊子怕人，度日如年，不得安穩。

二七、破戒的人，即使得到供養的利樂，那種快樂也是不淨。譬如傻瓜供養屍體，企圖莊嚴一樣。有智慧的人聽了，也會憎恨而不想見他。

以上各種破戒的罪狀，多得簡直數不盡（卷十三、《大正藏》一五四頁中、下段）

註：五逆是指殺母、殺父、殺聖者（阿羅漢）、傷害佛的身體，以致流血、分裂教團。

人命第一

一個商人出海去挖寶，不料，當船在海上正要啓程回航時，那隻船突然出事沈沒，致使船上的珍寶全部消失。只見他高興地舉手說：「失掉不少巨寶了。」

許多人不解地問他：「你失去財物，只能赤裸裸地從船裡逃出來，這樣還在高興叫著失去不少巨寶，到底什麼原因呢？」

對方回答：「在一切財寶裡，人命第一。人是爲了活命才求財，而不是爲了財貨才求命」（卷十三、《大正藏》一五五頁中段）

殺生犯十罪

一天，佛向一位名叫難提迦的居士，談到殺生有十項罪狀：

一、心裡巨毒，世代不絕。
二、衆生都會厭憎他，眼不見爲淨。
三、經常懷有惡念，思惟惡事。
四、衆生害怕他，無異看見虎蛇一樣。
五、睡時心裡不安，輾轉難眠。醒時亦不安穩。
六、常做惡夢。
七、生命結束時，發瘋不得好死。
八、種下短命的業因。
九、身體毀壞，生命結束時會下地獄。
十、即使投胎轉世做人，也常常會短命。（卷十三、《大正藏》一五五頁下段）

厭惡殺生而自殺

且說一個須陀洹人，出生在屠戶，當他逐漸長大成人時，被迫要學習這種家庭事業了，但他不願意殺生。一天，父母親給他一把刀和一頭羊，把他關在一間房子裡，告訴他說：「如果你不把羊殺掉，就不讓你出來，過著能望見太陽和月光的正常生活。」

兒子暗自尋思：「倘若我殺了這頭羊，當然，我一輩子就得幹這個行業。我怎可爲自己而犯下殺生大罪呢？」

一想到此，他毅然舉刀自殺了。父母親開門一瞧，羊站在一邊，兒子已經氣絕了，殊不知當他自殺時，也同時投生到天上去了。（卷十三、《大正藏》一五六頁上段）

貪圖不義該得十罪

拿了非份之物，會犯十種罪。那十種罪狀呢？

一、原來的物主會經常生氣。

二、疑心重重。

三、事出突然，預先不能推斷。

四、好像與壞人為伍，遠離了善友和賢人。

五、破壞善舉。

六、被官府治罪，公開懲罰。

七、財物會行蹤不明。

八、會種下貧困潦倒的業因。

九、死後會下地獄。

十、如果再度出生為人，即使拼命工作，辛苦賺些財產，終究會變成五家（王、賊、水、火、敗家子）的共有物，不是被王家、賊子，或水火之災

所奪，也會被自己的愛子敗光，自己用不到，甚至會原封不動消失殆盡。（卷十三、《大正藏》一五六頁中、下段）

邪淫有十罪

邪淫（配偶以外的淫行）會犯十罪：

一、對方的丈夫時時會來危害。

二、夫妻不合，經常爭吵。

三、天天增加許多不善法，日日減少許多善法。

四、不能守身，妻子孤獨，不常跟人來往。

五、財產日日減少。

六、每逢壞事發生時，就會被人起疑。

七、不能得到親屬或善知識的喜愛。

八、會種下被人怨憎的業因。

九、死後會下地獄。

十、如果投胎轉世，會出生爲女人，變成人盡可夫。如果做男人，他的妻子也不會貞潔。（卷十三、《大正藏》一五七頁上段）

俱伽離的妄語

俱伽離是提婆達多的弟子，他經常打聽舍利弗與目犍連的過失。

此時，他們兩人夏安居完畢後，到各國去教化了。一天，忽然天下大雨，他們來到一個陶器廠裡了。當晚也住在積堆陶器的房裡。誰知那間房內早有一個女人睡在黑暗處，兩人完全不知道。那個女人晚上做夢，下體流出髒物，次晨，她匆匆跑到河邊去清洗。

剛巧，俱伽離經過那邊看見了。雖然他深知女人跟男人做愛的情狀，但卻分不清那是出自做夢，或實際的東西？當時，俱伽離回顧弟子說：「這個女人昨晚一定跟誰私通了。」他不禁走前去問她：「你昨晚睡在那兒呢？」她答說：「我暫時睡在陶器匠的房間。」對方又問：「你跟誰在一塊兒？」她答說：「跟兩位比丘。」

他們說完話時，只見兩人正好從房裡出來。俱伽離打量一下他們，心想他們兩個人一定跟那女人亂搞。首先，他心生嫉妒，之後才表示：「我看見他們幹的好事。」接著就到各個村落去宣揚了。當他來到祇桓時，竟開口大罵起來。

其間，適逢梵天王下凡來，想要拜見佛陀。佛正好在安靜的房裡，入寂然三昧，其他比丘也各把自己的小房間關閉，紛紛進入三昧裡，還沒有醒過來。梵天王暗忖：「我特地下來見佛，不料，佛入三昧裡。既然如此，我再待一會兒，不然乾脆回去便了。」不過，他馬上又轉變心意，自言自語：「佛大概不會在三昧裡停留太久才對？」

他只留片刻，就走到俱伽離的小房間前面，敲門問道：「俱伽離呵！俱伽離呵！舍利弗與目犍連都是心地純潔，性格溫和的人，你破口大罵他們，希望你在長夜裡不要受苦才好？」

俱伽離很客觀地問道：「閣下是那一位？」答道：「我是梵天王。」俱伽離問：「佛説你能到達阿那含道（切斷煩惱，不再回到欲界受生），你爲什麼又跑來呢？」

梵天王沈思片刻，作偈説道：

「若想計量無法計量的法，不能單憑外表來處理。

若想計量無法計量的法，這種世俗野人會遭到慘敗。」

梵天王一說完偈語，一轉身走到佛的房間，把剛才的情形詳述一遍。佛說：「好，好，這首詩偈說得好。」

這時候，佛世尊也照樣說出這首偈語了。

「若想計量無法計量的法，不能單憑外表來處理。若想計量無法計量的法，這種世俗野人會遭到慘敗。」

梵天王聽到佛說完詩偈，忽然失去蹤跡，返回天界去了。

這時候，俱伽離來到佛的房間，先面向佛頂禮，然後退在一邊站住。佛告訴俱伽離說：「舍利弗和目犍連都是心地清淨，性格溫和，你毀謗他們，希望你不要在長夜吃苦頭。」

俱伽離稟告佛說：「佛固然說得沒錯，但我不信任他們。不論如何，是我自己親眼看到的，我知道他們幹的好事。」

佛像上述一樣，連續斥呵他三次。但是，俱伽離照樣不聽。當俱伽離離開座位，回到自己的房間時，忽然全身生出瘡來，起初像芥子般大小，逐漸長大得像豆子、棗子之後，又逐漸長大，好像蘋果般大小，片刻後逐漸長得像西瓜一樣，而且潰爛得好像紅燒一般，害得他大聲哭泣，呻吟不止，到了夜裡一命嗚呼。之後，他也墮入大蓮華地獄裡了。

一位梵天夜裡下來，稟告佛說：「俱伽離已經死了。」接著，又來一位梵天說：「他墮入大蓮華地獄裡了。」

黑夜快要結束，佛召集一羣比丘，告訴他們說：「你們想知道俱伽離墮入地獄要待多久嗎？」

比丘們說：「我們很想聽聽。」

佛說：「假定有六十斛的胡麻。即使某人過了百年拿起一粒胡麻，如此拿不完，殊不知阿浮陀地獄（八寒地獄中排名第一）的壽命，也照樣沒有完。二十阿浮陀地獄中的壽命，相當於一尼羅浮陀地獄（八寒地獄中排名第二）中的壽命。二十尼羅浮陀地獄中的壽命，相當於於一呵羅邏地獄（八寒地獄中第三）中的壽命。二十呵羅邏地獄中的壽命，相當於一呵婆婆地獄（八寒地獄中排名第四）中的壽命。二十呵婆婆地獄中的壽命，相當於一休休地獄（八寒地獄中排名第五）。二十休休地獄中的壽命，相當於一漚波羅地獄中（八寒地獄中排名第六）的壽命，二十漚波羅地獄中的壽命，相當於一分陀梨迦地獄（八寒地獄中排名第七）中的壽命，二十分陀梨迦地獄中的壽命，相當於一摩訶波頭摩地獄（八寒地獄中排名第八）中的壽命。俱伽離現在已經陷入摩訶波頭摩地獄裡了。之後，他正伸出大舌頭，用百隻釘子軋上，用五百頭犁去翻滾。」接著，佛世尊作偈說道：「且說人生下來，嘴裡含有一把斧頭。它所以會腰斬人的身體，由於他的惡言惡語。

該罵不罵，反而稱讚；該要稱讚不稱讚，反而斥呵。

嘴裡多惡，以至看不見快樂。

心的活動與嘴的活動都會生惡，使人墮入尼羅浮地獄。

直到百千世代期滿，都會嚐盡許多毒苦。

如果出生阿浮陀地獄，會直到三十六世代。

另外再多出五世代期滿，也一直飽受苦毒。

內心受制於邪見，而破壞聖賢的話，

會像實心的竹子一樣，自毀其形。」（卷十三、《大正藏》一五七頁中段——一五八頁上段）

警告羅睺羅的妄語

且說佛的兒子羅睺羅，年紀尚輕，還不懂口說妄語的利害。有一次，有人來訪：「世尊在嗎？」他居然騙說：「不在。」如果真正不在時，有人問羅睺羅：「世尊在嗎？」他騙說：「佛在這兒。」那個人後來將此事告訴佛了。佛把羅睺羅叫過來說：「你用洗腳的澡盤，去裝些水來給我洗腳。」待腳洗完後，佛又吩咐羅睺羅說：「你把澡盤翻過來。」羅睺羅依照吩咐，立刻翻過來了。佛說：「你把水灌進去。」但是，佛馬上問他：「水能不能灌進裡面去？」羅睺羅回答：「灌不進去。」佛才告訴羅睺羅說：「不會慚愧的人，正是胡言妄語，蒙住內心，猶如道法進不去一樣。」（卷十三、《大正藏》一五八頁上段）

妄語有十罪

妄語有十種罪狀：

一、呼氣有臭味。

二、善神會遠避，忘恩負義之徒會接近來。

三、縱使說出真話，也不能取信於人。

四、不能加入智慧人士的討論會。

五、經常遭人毀謗，人人都批評他的話很差勁，臭名滿天下人，無人不知曉。

六、不能得到別人的尊敬，即使說出良言玉語，別人也聽不進去。

七、經常悶悶不樂。

八、種下被人誹謗的業因。

九、命終以後，必定會下地獄。

十、即使投胎轉世爲人，也會不斷遭到誹謗。（卷十三、《大正藏》一五八頁上段）

飲酒的過失有卅五項

佛曾經告訴一位名叫難提迦的居士，關於喝酒會有卅五項過失：

一、在現世會失去財物。原因是，酒醉後，心裡不會想到節約，只知無限度花費下去。

二、打開諸多病門，病從口入。

三、構成爭吵不休的原因。

四、赤身裸體也不難爲情。

五、身敗名裂，惡名昭彰，不能令人尊敬。

六、智慧蕩然無存，完全被矇蔽了。

七、該得到的東西得不到，已經得到的東西會散失。

八、應該隱藏的話，也會全部吐露出來。

九、荒廢各種事業，不能成功。

十、酒醉爲憂愁之本。原因是，喝醉時有許多損失，酒醒後，會有慚愧與憂愁。

十一、體力會逐漸衰退。

十二、身體會逐漸破損。

十三、不知敬愛父親。

十四、不知敬愛母親。

十五、不敬仰出家修行者。

十六、不恭敬婆羅門。

十七、不恭敬父母、伯、叔、姑與尊長。因爲酒醉時，迷糊不清醒，分辨不出誰是誰。

十八、不敬佛。

十九、不敬法。

二十、不敬僧寶。

二一、與惡人爲伍。

二二、會疏遠賢能與善良之輩。

二三、結交破戒之徒。

二四、失去慚愧心。
二五、守不住六情（眼、耳、鼻、舌、身和意等六項感官）。
二六、隨心所欲，肆無忌憚。
二七、被人憎恨，難被人所樂見。
二八、被尊貴的親人與許多善知識丟棄一邊。
二九、做不善之法。
三十、捨棄善法。
三一、得不到那些能明辨是非，和有智慧者的信用。原因是，喝酒無異一種放肆不羈。
三二、會遠離涅槃。
三三、會結下瘋狂與愚蠢的因緣。
三四、命終之後，會墮下惡道與地獄裡。
三五、如果投胎轉世，即使可以做人，一生下來也必然會變成瘋狂愚笨。
（卷十三、《大正藏》一五八頁中、下段）

六齋日的持戒

《四天王經》有一段內容如下：

每月的六齋日（註一），使者、太子及四天王會親自下凡，觀察芸芸衆生布施、持戒以及孝順父母的情狀。如果發現情形嚴重，會馬上登上忉利天，將詳情稟告帝釋天。這時候，帝釋諸天全都會心裡不悅地說：「難道是阿修羅的種類很多，諸天的類別很少嗎？」反之，如果發現布施，持戒和孝順父母的衆生很多時，諸帝釋天全都會心生歡喜地表示：「屬於天的人增加，阿修羅正在減少。」這時候，釋提婆那民（諸天之王——帝釋天）目睹諸天歡喜的情狀，乃作偈說道：

「如果六齋日與神足月（註二），都受持清淨戒的話，

他們命終之後，所得到的功德必然會像我一樣。」

佛繼續向比丘們說：

「釋提桓因（帝釋天）不應該說這些偈語。原因是，他還沒有除掉五衰（天

人將死時，現五種衰相：衣裳垢膩、頭上花萎、身體臭穢、腋下汗出、不樂本座）、三毒（貪、瞋、癡），怎能妄言保持一日之戒，必能得到像我的功德與福報呢？若能受持這項戒時，他的心一定會像佛一樣（沒有五衰三毒），這才是真情實話。許多大天尊由於歡喜這種事情的因緣，才會愈來愈多福。」（卷十三、《大正藏》一六〇頁上段）

註一：六齋日是指出家人在清淨方面持戒，以及行善的精進日子，即在每月的八、十四、十五、二十三、二十九、三十等六日。

註二：神足月是諸天藉神足巡行天下的月份，即在一年的元月、五月和九月等三月。

六日的由來

《天地本起經》有下面一段內容：

劫即時間開始成立時，有不同梵天王的兒子存在。那是一羣鬼神的父親。修持婆羅門的苦行，在天上也算滿十二年。在這六天裡，一面割肉流血，一面在火裡燃著。基於這些理由，衆惡鬼神才在所謂六天的日子裡正好有勢力。（中略）

當衆鬼神的父親（梵天王的兒子）在這六天裡，一面割肉流血，一面在火裡燃燒，連續十二年這樣過日子，期滿時，身爲父親的天王從天而降，問兒子說：「你有何央求嗎？」答說：「我央求有兒子。」天王說：「仙人的供養法是，焚香、擺設甜果，多做些清淨行。但是，你爲什麼讓血肉在火裡燃燒，幹這些血腥腥的事情呢？這些無異罪惡之法。你在破壞善法，幹下歹事還在樂此不疲。我要讓你生下惡子，好像吃肉喝血一樣。」

說得果然不錯，只見火裡突然出現八個大鬼。全身彷彿黑墨，黃髮紅眼，並有巨大的光明，從此以後，一切鬼神全由這八個鬼生出來。基於這個理由，據說在這六天裡，因讓身體的血肉，到火裡一燃燒，才能獲得勢力。反之，在佛法裡，日子並無所謂好壞。因爲只有隨應世間一般的惡日因緣（所謂這六天），世人才要保持身體清淨受戒。（卷十三、《大正藏》一六〇頁上、中段）

勸人出家

佛法裡，修持出家法最困難。有一次，一位婆羅門學生名叫閻浮呫提向舍利弗說：「請教佛法裏以那項最困難？」舍利弗答說：「出家很困難。」對方又問「出家有什麼困難呢？」舍利弗答說：「出家享受法喜很難。」對方又問：「如果出家能夠享受法喜的話，還有其他困難嗎？」舍利弗回答：「修持諸多善法也困難。」基於上述理由，才應該要出家。（卷十三、《大正藏》一六一頁上段）

破戒後再持戒也能解脫

在佛法裡，即使出家人破戒而犯了罪，受罪完了也能夠解脫的。

《鬱鉢羅華比丘尼本生經》裡有一段內容如下：

佛在世時，一位比丘尼證得了六種神通（一切神通）的阿羅漢果。有一次，她來到富貴人家裡，不斷讚嘆出家法以後，告訴諸貴婦人說：「諸位可以出家。」她們答說：「我們的年紀尚輕，現在的姿色最迷人，很難持戒的，甚至一定會破戒。」比丘尼說：「只要出家就行，破戒就破好啦！」她們問：「如果一破戒，一定會下地獄。怎麼可以破戒呢？」比丘尼回答：「如果下地獄，就下去吧！」貴婦們笑著說：「在地獄裡會受罪，怎麼能下地獄呢？」

不料，比丘尼卻說：「當我思索宿命的問題時，有時會當伶人，打扮得花枝招展，說出各種往事。有時會身穿比丘尼的衣服，藉此在嬉笑。因為有這些因緣，故在迦葉佛時，才去做比丘尼，享受自己原來身世的高貴端正，以至心生傲慢，破了禁戒。由於破戒的罪過，才會下地獄，受盡各種罪行。待罪過受完時，欣逢釋迦牟尼佛住世，我才出家證得六種神通的阿羅漢果位。基於這種理由，我才了解如果出家受戒，甚至有過破戒行爲，因爲有戒的因緣，才能證得阿羅漢果。倘若只有作惡，而沒有戒的因緣時，就不能證道了。以我來說，前世下地獄，從地獄出來，又做了壞人，壞人死後又下地獄，結果一無所得。但是，我現在完全明白了。如果出家受戒，甚至有過破戒行爲，也能以受戒的因緣得到證果。」（卷十三、《大正藏》一六一頁上、中段。）

醉漢當比丘

佛來到祇桓時，一個酒醉的婆羅門來到佛的身邊，央求做比丘。佛吩咐阿難給他剃頭，讓他穿上袈裟。不料，婆羅門清醒後一看，自己突然成了比丘，驚訝之下逃之夭夭了。

衆比丘走來問佛：「爲什麼允許那個酒醉的婆羅門當比丘呢？」佛答說：「這個婆羅門在無量劫的漫長歲月裡，不曾有過想出家的念頭。因爲酒醉才一時起了一點兒出家的心。由於有些困難，他以後必然會出家得道的。」（卷十三、《大正藏》一六一頁中段）

不惜身命在守戒

《蘇陀蘇摩王經》裡有下面一段內容：

菩薩不惜身命來成全禁戒。菩薩本身曾經當過一條大力的毒龍。如果那條龍來到衆生面前，體力衰弱的人，只要放眼一看，就會當場死亡，體力强健的人看到牠，也會情緒激動，以至於死。

這條龍受了一日戒，就出家去找尋寂靜的所在，當牠進入叢林裡，思惟一段長時間，坐著疲倦之餘，居然呼呼大睡。龍的習慣是——睡眠時候的外形，會好似一條蛇。牠身上呈現優美的裝飾，七寶混合成形形色色。一個獵人剛巧看到，不禁十分驚喜地說：「真是絕無僅有，非常難得的好皮，若把牠獻給國王，用來當服飾，不是妙不可言嗎？」於是，他用杖棍拚命敲打龍頭，也用刀剝牠的皮了。

龍在心裡尋思，自言自語：「若憑自己的能耐，自然可以爲所欲爲，甚至傾覆一個國家，也易如反掌。這個獵人微不足道，那有本事奈何了我呢？

但是，我現在已經受了戒，不能一直想到自身的安危，只有聽從佛的吩咐才行。」一想到此，牠盡量忍耐，閉目睡著，不去看獵人，只管閉目不呼吸，反而憐憫那個獵人。由於持戒，心神才得以統一，即使被獵人剝皮，也不會產生後悔心。

片刻後，龍失去了皮，光著一身肉體躺在地上了。當時，因爲日正當中，非常炎熱，才迫使牠只好在地面翻滾，意欲前往大河裡去。不料，一大羣小虫蠕動過來，要吃這副身體了。龍由於自己持戒，也不敢動彈。牠心裡暗忖：「我現在以自己的身軀施給這羣小蟲，無非爲了佛道。眼前用肉布施，將整個身軀提供給牠們便了。以後成佛時，一定用法施，才有益於這顆心。」牠發誓完畢，身體一直枯乾，直到一命嗚呼爲止，但牠也立刻出生到欲界的第二個三十三天上去。

當時的毒龍，還是釋迦牟文佛的前身。那個獵人也不是別人，正是提婆達多等六師。一大堆小蟲是釋迦牟文佛最初說法時，八萬諸天悟道者。菩薩護戒，不惜自己的身軀，一旦下了決心也不會後悔，當如是也。（卷十四、《大正藏》一六二頁上、中段）

野干的故事

一隻野干（狐類）在森林裡，緊跟在獅子和一羣虎豹之後，央求牠們吃剩下的食物充飢，方能活著。有一次，沒有食物，空著肚子，深夜裡潛入城中，暗地裡走進一戶人家裡，找肉吃也一無所得，只好找個像屏風的地方歇息，不知不覺間天就亮了，牠提心吊膽，簡直無計可施，牠躭心如果走出去，恐怕無處可逃，倘若留在原地，又害怕死的痛苦，左思右想後，牠決心裝死騙人，緊貼在地上不動了。

片刻後，一大羣人走過來，目睹地上一隻野干，有人說：「我要割下野干的耳朵來用。」說完後，他立刻割下耳朵了。野干暗自尋思：「耳朵被人割掉，雖然痛得要命，希望他留下這副身體才好。」不料，又一個人表示：「我要割下牠的尾巴來用。」一說完話，馬上割下尾巴了。野干又在暗忖：「尾巴被割掉了。雖然痛得要命，幸好這也是小事情。」接著，一個人說：「我要拔下野干的牙齒來用。」野干心裡暗想：「要的東西不斷增加，倘若我的頭被割下來，還能活著走路嗎？」一想到此，牠即刻躍身而起，活用智力，飛也似地從旁邊的小徑溜走，總算救自己一命。（卷十四、《大正藏》一六二頁下段——一六三頁上段）

提婆達多的利養之罪

佛初次巡歷迦毗羅婆國（佛的出生祖國）時，率領一千二百五十位比丘同行。因爲那些人全是婆羅門的學生身份，由於習慣拜火，大家的容貌都很憔悴，又因爲修持絕食苦行，皮膚與身體都很瘦弱黝黑。淨飯王（佛的父親）的心裡尋思：「我兒子的侍從雖然心地清淨又潔白，相比之下，臉部根本不能看。我不妨從家室繁重，子孫較多的家庭裡，選些人做佛弟子便了。」一想到此，他下令全國各地，選出一批釋迦族的親戚子弟，把情況告訴他們，打算讓他們全部去出家。

此時，斛飯王（淨飯王之弟）的兒子——提婆達多，也出家修道，唸唱龐大的六萬法集，精進修行，滿十二年了。之後，因爲得到供養的好處，他特地來到佛身邊，打算學些神通。佛告訴他說：「你若肯觀察五陰的無常，這樣才能得道，也能得到神通。」話雖如此，佛卻也沒有說明怎樣得到神通的具體方法？於是，他走去央求舍利弗、目犍連，和五百位阿羅漢。不料，他們都没說神通之道，只表示：「你應該觀察五陰的無常。這樣，才能得道，也能得到神通。」

因爲提婆達多的央求不能如願，害得他失聲哭泣，悶悶不樂。他來找阿難，央求學習神通。當時，阿難因爲還不懂他心智（知曉別人的心事），平時也尊敬哥哥（提婆達多是阿難的哥哥），只好將佛所說的祕訣，一五一十地傳授給提婆達多了。

提婆達多終於認真接受神通之法，入山不久，很快學會五種神通（天眼通、天耳通、他心通、宿命通、如意通）了。學完之後，他心裡暗想：「不知有誰能做我的施主呢？我看阿闍世王子有大王之相，值得去深交親近。」於是，他到了天界，拿些上天的食物，再回到欝怛羅越，取些自然的粳米，進入閻浮林，拿到閻浮果（蘋果之一種）後，親自獻給阿闍世王子。或有時候，提婆達多搖身一變，變成象寶與馬寶，跑來引誘王子的心。有時又化身幼童，坐在王子的膝蓋上。當王子抱起幼童親嘴給些口水時，他常常會自動吐露名字，讓王子知道。反正他變化各種身份，藉此取悅王子。王子的心被迷惑後，終於在奈園裡搭造一座龐大的精舍，同時給予四種供養以外，又有其他供養，樣樣俱備，什麼也不缺，也都統統獻給提婆達多了。王子每天率領一羣大臣，親自送上五百鍋的飲料與伙食。由此可見，提婆達多獲得很大的供養了，但是，他仍覺得自己的隨從太少，他心想：「我有三十相，僅比佛陀的三十二相少了一點，才不會有一大羣弟子前呼後擁。若有一大羣人把我團團圍住，那樣跟佛有什麼區別呢？」

一想到此，惡從膽邊生，湧起一陣惡心，他就竭力破壞教團的團結，才得來五百名弟子了。幸好在舍利弗與目犍連的教化之下，那羣比丘才返回原位，跟教團和好如初。

有一次，提婆達多又起了惡心，推倒一座山要把佛壓碎。幸賴金剛力士用金剛杵，遠遠地將那座下落的山丟開，但是，石頭破碎，四下散射，也擊傷了佛的腳指。華色比丘尼走前去斥呵提婆達多，他反而伸手痛揍比丘尼，害得她的雙眼傷重而死了。這樣一來，他不但犯了三逆罪（殺聖者、傷害佛、分裂教團），也結交心術不正的學者——富蘭那（道德否定論者）等，斷送不少善根，但內心從來沒有羞愧與懊悔。尤有進者，他在指甲裡暗藏惡毒，假裝向佛敬禮，企圖中傷佛陀。之後，他想離去，還沒有到達王舍城的途中，地面突然裂開，燃燒烈火的車迎向他，活生生地把他載到地獄裡去。

雖然，提婆達多的身上枉有三十相，可惜，他不能忍耐，爲了追求利養名聞，不惜犯了大罪，才會活生生下地獄去。（卷十四、《大正藏》一六四頁下段——一六五頁上段）

罽賓的三藏比丘

一位比丘備有罽賓的全部三藏，一天，他在森林裡行法以後，順便走訪一家王寺。當時，寺裏正在舉行很大的聚會。守門人目睹這位比丘的衣裳襤褸，可憐兮兮的樣子，就擋住門不讓他進去。諸如此事，他却經常遇到，由於一身的寒酸打扮，才常常不能進入大門。於是，這位比丘爲了方便，特地向人暫借一套好衣服，穿好後走過來。結果，守門人看了才讓他進去。他到了會場坐下，一得到各種佳餚，他首先將它遞給衣服。旁人好奇地問他：「你爲什麼這樣呢？」他回答：「我常常在這個時候走來，卻一直進不來。現在，幸賴這件衣服，才能坐在這兒，得到各種佳餚。實際上，因爲有了這件衣服，我才能享受這些，所以，我要先給衣服（吃）才對。」（卷十四、《大正藏》一六五頁上、中段）

佛斥退魔女

釋迦牟文佛當年坐在菩提樹下時，魔王很耽憂，乃派出三位玉女來。第一位名叫樂見，第二名叫悅彼，第三位名叫渴愛。她們走前來現身，搔首弄姿，擺出各種媚態，企圖誘惑這位菩薩（因為尚未成佛）。在這種情狀下，菩薩也不會動心，眼睛也不看她們。三個玉女心裡暗忖：「男人心不是完全一樣，喜好各有不同。有人喜歡少女，有人喜歡中年女人，有人喜歡身材高大，有人愛好身材嬌小，有人喜歡膚色黑，有人愛好外表白嫩。反正大家的喜好各有不同。」於是，三個女人大顯神通，變化成五百位美女，而每一位化身的女人又有無窮的變化，從森林裡走出來。猶如烏雲裡乍現電光，有人豎起眉毛，有人擠眉弄眼，有人表情靦腆，有人表現瞇縫的細眼。她們應用各種娛樂，表現各種妖媚走近菩薩身邊，企圖以身體接觸菩薩了。

此時，密跡金剛力士橫眉豎眼地呵斥她們：「他是何等樣的人，你們知道嗎？你們竟敢賣弄妖艷，走前來觸亂他。」一說完話，密跡又作偈斥責她們：

「你們不知道嗎？天帝因爲此事失敗，致使鬍鬚都變黃了。

海水雖然清澈美麗，今天全都成了苦澀的鹹味了。

你們知道嗎？月亮虧了，婆藪諸天墮落了。

火本來在天邊，如今吞食了一切。

你們不知此事，反而敢來侮辱聖人。」

她們聽了才稍微退後一步向菩薩說道：「現在，我們是正襟嚴肅，不同世俗的女人了。我們要使你歡悅，不知你要我們表演什麼嗎？」

菩薩說：「你們是不乾淨的臭傢伙，還不快走。不要在此胡言亂語。」

菩薩又作偈說：

「你們的身體像汙穢的草叢，骯髒腐爛的堆積。

好像要上廁所一樣，怎能讓人的心裏快樂呢？」

她們聽了這首偈語，不禁心裡尋思：「他不知道我們都是清淨的天人身體，而且還作偈這樣說。」她們馬上搖身一變；恢復原形了。這樣一來，光輝四射，異常絢爛，照耀到森林附近，奏起天樂，告訴菩薩說：「我們的身體就是這個樣子，你有什麼呵斥呢？」菩薩回答：「時間到了，自然會明白。」她們問：「你說話是什麼意思？」菩薩作偈回答：

「諸天的園林裡，有一座七寶蓮花盛開的池塘，
天人雖然一齊享樂，也有失去的時候，你們應該明白才好。
那時若看到無常，天人的快樂，全都成了苦惱。
你們必須厭憎慾望的歡娛，享受正確的真道才好。」

她們聽了偈語，內心暗忖：「他的智慧浩瀚，無法計量。連天樂這樣清淨，他仍然知道其間的缺陷。我們不能去碰他。」一想到此，她們忽然失蹤了。由此可見，菩薩目睹淫欲的歡樂，也能自動調御內心，忍耐而不會輕易動搖。（卷十四、《大正藏》一六五頁中、下段）

拘牟頭與怵婆伽

且說某國王的公主叫做拘牟頭。剛好有一個魚夫叫做怵婆伽。有一天，他走在路上，遠遠看見公主在高樓上的倩影。待他走近窗前看到公主容貌時，竭盡想像之能事，居然愛上公主，執著心一時丟不掉。日子一天一天過去，他當然不思飲食了。母親問他的原因，他很激動地回答母親：「我看見公主以後，心裡忘不掉她。」母親明白後說道：「你是小老百姓，公主是尊貴的身份。你怎麼能夠得到她呢？」兒子說：「我的心願這樣，一時丟不下，如果不能如願得到她，我也活不成了。」

母親愛子心切，設法進入王宮，經常送些肥美新鮮的魚肉，獻給公主品嚐，但又不收她的錢，公主覺得好生奇怪，忍不住問這位母親：「你到底有什麼期望呢？」母親據實稟告：「請公主斥退左右，好讓我稟告詳情。實不相瞞，老身只有一個兒子，他敬愛公主，思念心切，竟然一病不起了。恐怕他也活不會太久，斗膽請公主同情他的一片真心，賜給他一條命吧！」公主說：「你先回去。記得本月十五日，有一間天祠廟，你叫兒子藏在那裡的天像後面等我。」

母親回去轉告兒子說：「已經如你所願，放心吧！」她的兒子沐浴後換了一件新衣，站在天祠的天像後面等待。

時候一到，公主稟告父王：「我有不吉利的事，一定要上天祠去求吉和祈福才行。」父王說：「太好了！」立刻派五百輛車，大力裝飾一番，離開王宮，直奔天祠了。片刻後，到了天祠，她吩咐一羣侍從在門外等候，她獨自進去。

天神在暗忖：「這種事怎麼可以；國王是世界的主人，不能讓這個小人侮辱公主！」天神厭憎這個漢子，立刻設法使他睡著，眼睛睜不開來。待公主進來後，看見他睡著了。她用力推他，也不能讓他醒過來。她只好卸下一個價值十萬兩的頸飾，留下來給他，然後自行離去，她走開後，那個漢子才睜開眼睛，看見身邊有首飾。待他向一羣人打聽清楚，始知公主來過了，他不能滿足心願，而憂憤、懊悔極了。後來，他的淫火熾烈，自焚死去。（卷十四、《大正藏》一六六頁上、中段）

羼提仙人的忍辱

且說羼提仙人在一片巨大森林裡，修持忍辱、實踐慈悲。有一天，迦利王率領一大羣宮女，走進森林來玩了。他們飲食完後，國王開始小睡了。一羣宮女在花叢裡遊戲之際，忽然發現那位仙人了。她們懷著尊敬心前去作拜，然後站在一邊。仙人趁機向她們讚嘆慈悲與忍辱。他說得很動聽，讓她們百聽不厭，很久不忍離去。

迦利王醒來一看，不見了宮女們。他立刻拔劍追尋，待他走到仙人面前一看，忍不住大發脾氣，嫉妒心起，怒目揮劍，指著仙人問道：「你在幹什麼？」仙人回答：「我在修持忍辱，實行慈悲。」國王說：「我要試試你的道行如何？我現在用這把利劍，削掉你的耳鼻，斬斷你的手腳，如果你也不發怒的話，我才知道你真正在修行忍辱。」仙人說：「任憑尊便。」國王即刻拔劍削去仙人的耳鼻，也斬斷他的手腳，之後，又問仙人：「你的心會不會動搖呢？」仙人回答：「因爲我在修持慈悲與忍辱，所以，內心不會動搖。」國王說：「你的全身都在這兒，沒有勢力了。嘴巴雖說不會動搖，但誰會相信你不會動心？」此時，仙人立刻發誓說：「如果我真是在修行慈悲與忍辱的話，那堆血液一定會變成牛奶的。」頃刻間，血液果然都變成牛奶了。國王大爲驚喜，才率領一羣宮女們匆匆離去。

不料，森林裡的龍神也被仙人感動，立刻讓雷電交加。致使國王被毒害身亡，再也不能回到王宮裡了。（卷十四、《大正藏》一六六頁下段）

帝釋天與佛偈

有一次，釋提婆那民（帝釋天）來訪佛陀，作偈說道：

「殺掉什麼才能安穩呢？殺掉什麼才不後悔呢？
什麼才是毒的根本，會吞滅所有的善事呢？
殺掉什麼才值得讚嘆呢？殺掉什麼才不會耽心呢？」

佛作偈語答說：

「殺掉瞋恚心才得以安穩。殺掉瞋恚心才不會後悔。
瞋恚才是毒的根本，瞋恚心會吞滅所有的善。
殺掉瞋恚，才能得到諸佛的讚嘆。
若能殺掉它，才不會憂心。」——（卷十四、《大正藏》一六七頁上段）

維摩的沈默

《毗摩羅詰經》（《維摩經》）裡有下面一段內容：

有一次，法作菩薩說：「生滅不二；而不生不滅是不二入法門（只通過一條路的法義）。」文殊尸利也說：「既不聞也不見，一切的心消滅，既不說也不語。這就是不二入法門。」毗摩羅詰（維摩）一直保持緘默，一聲不響。諸菩薩稱讚：「很好！很好！這才是真正的不二入法門。」（卷十五、《大正藏》一六八頁中段）

十大內軍

當佛在六年苦行時，魔王曾經來說：「剎利（王族）的貴人呵！你在一千分的活路裡，現在只剩下一分活路了，趕快回國去布施修福吧！如果這樣，大概也能得到今世與後世的人中與天上的樂道。你不能白白在努力修苦行啦！你如果不聽我的好話相勸，繼續這樣執迷，不離開苦行的話，我一定會率領大軍來攻破你的。」

菩薩（後來的佛陀）說道：「我現在正要破你那強大的內軍。因為你的外軍早已不堪一擊了。」魔說：「我的內軍是什麼呢？」菩薩答說：

「欲望是你的第一軍，憂愁算做第二軍。飢渴是第三軍。渴愛是你的第四軍。睡眠是第五軍。畏怖是第六軍。懷疑後悔為第七軍，瞋恚為第八軍。利養與虛構是第九軍，傲慢而輕蔑別人屬於第十軍，諸如這些軍隊會使出家人徹底潰敗。

我運用禪定與智慧的力量，會打敗你的軍隊。如果能夠成就佛道，我要讓天下衆生得到解脫。」

雖然，菩薩目前還不能完全打敗衆多的魔軍，但他會披上忍辱的盔甲，揮出智慧的寶劍，手執禪定的擋箭排，遮攔許多煩惱的毒箭。（卷十五、《大正藏》一六九頁上段）

無脂肪的肥羊

且說某位國王座下有一位大臣，自己隱瞞所有的罪狀，想不讓別人知道。一天，國王說：「你去牽一條無脂肪的肥羊來，如果做不到，我要治你的罪。」那位大臣頗有智慧，他找了一頭大羊，餵牠吃草和穀物，用心飼養，一天餵三次，也拉一頭狼來讓牠害怕，使牠拚命吃東西。結果，羊得到營養而日益肥壯起來，但卻沒有油（脂肪）。他牽這頭羊去獻給國王了。國王命人宰了這頭羊一看，果然肥而無脂肪。國王好奇地問他：「怎能有這種情狀呢？」大臣據實回答了。（卷十五、《大正藏》一六九頁中段）

十四難題與毒箭的譬喻

有一位比丘習慣思索和觀察十四項難題(註),可惜,他無法通曉,致使他始終耿耿於懷,坐臥不安。於是,他有一天只好托著衣鉢走到佛的房間,禀告佛說:「佛呵!請您好好解說十四項難題給我聽好嗎?若能使我內心徹底明白,我一定拜您為師,做您的弟子。如果說不出來,我就要另走別的途徑,去央求別人了。」佛慢條斯理地告訴他:「你本來發誓要做我的弟子時,不是說過若能回答十四項難題,你就要做我的弟子嗎?」比丘說:「沒有。」

佛說:「你真愚蠢。到現在為什麼還說,如果無法回答,我將不做弟子等話呢?我正為那些難免老、病、死的人在說法,你這十四項難題全是爭論比賽的法。這種法毫無益處,討論這些根本是一種笑話,只是無聊的戲言。你為何有必要提出這些疑問呢?我縱使回答你,你也未必會真正了解。你思索到死,也恐怕解釋不出來。結果,對於生、老、病、死等人生緊迫的問題，不是照樣不懂而又得不到解脫嗎？譬如有人中了毒箭，親友想叫醫生來替他拔箭和擦藥時，他還在嚷著問：『暫時不要拔箭，我一定要先問清楚你的姓名，出生地點和父母年齡。然後，我也想知道箭的來歷，出自那一座山？用什麼樹木造的；用什麼羽毛當箭翎？箭頭用什麼鐵打造的呢？至於弓又是來自那一座山的木頭？而且，那些毒藥出自何地？屬於那一種類？如何稱呼呢？是否要完全確切知道這些疑問之後，才允許醫生拔箭和塗藥呢？』佛問比丘說：『必須待他知道這些詳情後才應該拔箭嗎？』比丘說：『不必知道。倘若等到他完全知道時，人早就活不成了。』」

佛說：「你的情況也不例外，你看那邪見之箭，塗上毒藥，它早已射入你的心裡。你想拔出此箭，當我的弟子。但你不打算拔出箭，反而想要解決世界之常與無常，有邊與無邊（十四項難題裡，排名前面四難題）等無聊的問題。爲了找尋這些難題的解答，還沒有得到答案以前，你早已喪失智慧的性命，跟畜生一樣淪於死亡，無異自己投進黑暗裡。」比丘聽了深感羞愧，他當然明白佛的說明，才立刻證得阿羅漢果。（卷十五、《大正藏》一七〇頁上段）

註：十四項難題屬於形而上學的疑問：(A)世界是⑴常、⑵無常、⑶常也是無常、⑷既非常也非無常。(B)世界是⑸有邊（空間的界限）、⑹無邊、⑺有邊亦是無邊、⑻既非有邊，亦非無邊。(C)身體與心是⑼同一體、⑽有分別。(D)如來（人格完成者）死後是⑾有、⑿無、⒀又有又無、⒁非有也非無。這些疑問全是無聊的辯論，佛不回答，叫做「無記」。

精進(一)

好像民大居士等人，若想得到無量的寶物，也能如願以償（以前有過精進的業因緣）。好像頂生王等人，身居全世界（四天下）之王，上天會落下七寶及其所需要的東西，可以跟釋提婆那民（帝釋天）分庭抗禮，並肩而坐。他們固然有這種福報，卻無法得道。好像羅頻珠比丘雖然證得羅漢果了，但他每天去行乞，一連七天都得不到食物，扶著空鉢回來。後來，他入禪定，用火自焚，才進入涅槃（入滅）。由此可知，只有福德的力量，還是不能得道。若要成就佛道，非有一番大精進不可。（卷十五、《大正藏》一七二頁下段）

精進(二)

且說阿難爲一羣比丘講述七覺意(註),直講到第二項的精進覺意。佛向阿難說:「你要不要說精進覺意呢?」阿難答說:「我正在說精進覺意。」佛連續問三次,阿難也回答三次。佛起立離座,告訴阿難:「若有人愛修行精進,並非什麼都得不到,只要他能進入佛道,總算不是白費。」

(卷十五、《大正藏》一七三頁下段)

註:七覺意是指七種覺悟方面的修行,(1)擇法覺(選擇真實的法),(2)精進覺(專心修行),(3)喜覺(喜歡實踐法),(4)輕安覺(鬆弛身心),(5)捨覺(捨棄拘束),(6)定覺(集中心意),(7)念覺(安樂地思考)。

精進(三)

在一座叢林裡有一位小修行者在那裡打坐，但他常常會偷懶。叢林裡有一位神，亦算是佛的弟子。他潛入屍體裡，一邊唱歌，一面舞蹈，走進來作偈說道：

「森林裡那位小比丘，爲什麼會懶惰呢？

倘若連白天都這樣了，更何況夜晚呢？」

這位小比丘驚慌之下，從座上起立，心裡雖曾認真尋思，但一到夜裡又睡著了。

不料，神又現身從十個頭的口裡噴出火來，張牙舞爪，雙眼猶如火焰一般。他回顧說話，想要抓住那位怠惰的比丘。只聽他說：「不要在這兒偷懶，爲什麼要這樣懶惰呢？」這位比丘非常恐怖，立刻起立，心裡思惟，專心修法，才證得阿羅漢果。（卷十五、《大正藏》一七四頁上段）

精進(四)

菩薩修持不少苦行了，倘若有人走來找菩薩，苦苦央求他的頭、眼、髓和腦的話，菩薩也能慷慨給他的。當時，菩薩心想，同時自言自語：「我雖然有了忍辱、精進、智慧與方便等力量，但也苦於接受對方的央求。何況，墮入三惡道（地獄、餓鬼、畜生）裏的芸芸衆生，難道能夠做到這種程度嗎？（不可能做到）。不論如何，我也要爲那羣芸芸衆生服務、修行、精進，早日成就佛道，救渡那些衆生，讓他們得到解脫才對。」（卷十五、《大正藏》一七四頁上段）

佛的精進

釋迦文尼佛的前世曾經生爲商界的大老板，有一次，他率領一大隊商人，走入一個艱險困難的境地裡。在那種情狀下，只見羅刹鬼（惡鬼）舉手攔阻這羣人，厲聲說道：「站住，誰也不許動，也不能離去！」

商隊的領袖（佛的前世）迅速舉起右拳打過去，不料，拳頭馬上被鬼吸住，但用力也拉不回來。他又用左拳打去，照樣拉不回來。他用右腳猛踢時，連腳也被粘住了。他又用左脚踢去，同樣被粘住拉不回來。接著，他只好用頭猛撞，但又被鬼吸住了。只聽鬼向他說：「你現在不得動彈了。不論你還想怎樣施展也都白費，趁早死心吧！」隊長說：「縱使我的頭和四肢不能動彈，我的心在任何情狀下，都不會絕望。我一定用精進的力量，跟你搏鬥到底，決不會懈怠。」不料，鬼聽了反而心裏歡喜，而想：「這個人的膽識非比尋常。」於是馬上告訴這位隊長說：「你的精進力不小，大概不會善罷干休，還是放你走吧！」（卷十六、《大正藏》一七四頁中段）

好施菩薩

好施菩薩到處找尋那顆成就願望的如意珠，縱使汲盡海水，過份勞動筋骨，直到乾枯為止，或到海枯石爛的地步，也不會偷懶和罷休，他始終保持精進。最後，他總算得到如意珠了。之後，他就用這顆如意珠讓天下蒼生，滿足各種願望，拯救他們的苦楚。（卷十六、《大正藏》一七四頁下段）

靠業的因緣再生

菩薩放眼觀察三界（欲界、色界和無色界）和五道（天、人、畜生、餓鬼和地獄）下的芸芸衆生時，目睹他們因失去快樂而受苦。例如無色界天（超越欲望與物質世界的天）享受禪定，心裡執著它，不覺悟將來生命結束（死後），會墮入欲界（慾望世界）裡生活，那時將會成爲鳥獸形狀。色界（物質世界）的諸天也一樣，從清淨之處墮落，反而接受邪淫的欲望，處在不清淨的所在。欲界的六天享受與執著五種感覺欲望，反而墮入地獄裡受盡苦楚。

其次，菩薩看到人世間，芸芸衆生雖然有十種善行的福報，而獲得了人身，奈何人身卻苦多於樂，壽命結束時，還會墮入畜生、餓鬼和地獄等惡道裡。

再看那些畜生界時，發現牠們忍受許多苦惱，被鞭打驅策得打滾，擔負重擔，長途跋涉，頸部被套成洞穴，或慘遭破壞（爲套繮繩），甚至被熱烘烘的鐵條燃燒著（爲裝蹄鐵）。這是牠們出生爲人時，所累積的行爲因緣，才迫使牠們被綁得緊緊，以至受盡鞭策，和竹杖的苦惱。基於這種因緣，才形成象、馬、牛、羊、駱駝、鹿等畜生或獸類形狀。

許多人的邪淫欲望太重，也太過無知，才會生成鵝、烏、鴨、孔雀、鴛鴦、鴿子、雞、海鷗和伯勞等各種身體形狀。這些鳥類有千百種之多，由於邪淫的罪過，身上才會生長羽毛，不能平滑，嘴與毛爪，不能辨別微妙的感觸。

許多人經常憤怒，瞋恚心重，才會變成毒蛇、昆蟲、蝮蠍、蜈蚣等含有巨毒的虫類形狀。

許多笨人屬於蚯蚓、蛾、糞蟲、蟻、螻、小梟鳥等種類，成爲一羣愚蠢昆蟲或鳥類的形狀。

貪婪，高傲和憤怒等心態嚴重的人，會變成獅子、虎或豹等猛獸的身形。

凡是邪見傲慢的人，也會變成驢、駱駝、豬等身形。

那些生性吝嗇、貪婪、嫉妒、輕薄、喧鬧、急燥之徒，將來會變成猿猴、大猿、熊、赤熊等身形。

那些種下邪貪、憎恨、嫉妒等業因的人，都會變成貓、狸、土虎等野獸身形。

無恥與貪食之輩，他們的業因會使自己將來變成鳥、鵲、鳶、鷲等鳥類身形。

輕蔑善人的傢伙，會成爲鷄、狗和狐等身形。

即使有些人大行布施，奈因憤怒，心裡不快，也會爲此業因而成爲各種龍身。

有些人修持布施，但心生傲慢，以至動手毆打、欺侮或折磨生靈的話，也會變成金翅鳥的身形。

由此可見，各種煩惱的業因，會形成許多畜生與鳥獸的苦惱。（卷十六、《大正藏》一七五頁上段）

五道及其輪迴轉世

菩薩運用天眼觀看衆生在五道(天、人、畜生、餓鬼和地獄)輪迴，以及在其間翻滾打轉的樣子，那就是衆生在天界死後出生到人間，在人間死後出生到天上，在天上死後投生到地獄，在地獄死後出生到天上，在天上死後出生到餓鬼界，在餓鬼界死後反而出生到天上，在天上死後出生到畜生界，在畜生界死後出生到天上，在天上死後又出生在天上等情狀。至於地獄，餓鬼和畜生的情形也一樣。

在欲界(慾望世界)死後，會出生到色界(物質世界)。在色界死後出生到欲界，在欲界死後出生到無色界(超越欲望與物質的世界)，在無色界死後出生到欲界，在欲界死後又出生到欲界裡。色界和無色界的情形也跟這個一樣。

在等活地獄死後出生到黑繩地獄，在黑繩地獄死後出生到等活地獄，在等活地獄死後再生到等活地獄。至於合會地獄與阿鼻地獄的情形亦不例外。

在炭坑地獄死後出生到沸屎地獄，在沸屎地獄死後出生到炭坑地獄，在炭坑地獄死後再出生到炭坑地獄裡。至於燒林地獄或摩訶波頭摩地獄的情形也一樣。

投胎轉世，生生死死的情狀就是這樣。總之，在卵生裡死後轉世爲胎生，從胎生裡死後轉世爲卵生。從卵生裡再投生到卵生。胎生、濕生（從濕氣裡出生）和化生（不依靠任何東西，突然出生）的情況也是如此。

另外，在閻浮提死後出生到弗婆提，在弗婆提死後出生到閻浮提，在閻浮提死後出再生到閻浮提來。瞿陀尼、欝怛羅越的情形也一樣。

在四天王（持國天、增長天、廣目天、多聞天）的地方死後，會出生到三十三天裡，在三十三天死後出生到四天王處，在四天王的地方死後再生到四天王處。三十三天與他化自在天的情形亦復如此。

在梵衆天上死後會出生到梵輔天，在梵輔天上死後投生到梵衆天，在梵衆天死後再生到梵衆天裡，那麼，梵輔天、少光天、無量光天、光音天、少淨天、無量淨天、遍淨天、阿那跋羅伽天、得生天、大果天的情形也一樣。

至於禪定最終極的空無邊處、識無邊處、無所有處、非想非非想處的情狀也不例外。

再者，在非想非非想處死後，會投生到阿鼻地獄裡。

誠如上述，天下蒼生出生五道的輪迴情形。

菩薩看完後，馬上湧起大悲之心，暗自尋思：「我對芸芸衆生毫無助益。雖然我也在世間享樂，快活到極點反而會生苦惱。我要怎樣用佛道涅槃的永恆快樂利益衆生呢？」（卷十六、《大正藏》一七五頁中、下段）

註：等活地獄屬於八熱地獄的第八個地獄，迫於諸多苦楚，悶熱得要死，反覆受苦的地獄。黑繩地獄在八熱地獄裡排名第七，由於惡業，身體被黑繩綁著，有切膚之痛的地獄。合會地獄在八熱地獄裡排名第六，諸苦交集，傷害身體的地獄。阿鼻地獄在八熱地獄裡排名第一，也叫做無間地獄。受苦不停的地獄。炭坑地獄屬於十六地獄之一。這裡一落腳，皮肉和血都會被灼傷，一抬腳又會還原。沸屎地獄是十六地獄之一，這裡有屎尿混雜，髒虫蠕動，傷人皮膚，割破骨路，吸盡髓汁。摩訶波頭摩地獄為八寒地獄之首，這裡由於寒冷，像大紅蓮華一樣令人的身體破裂。

餓鬼

不妨看看餓鬼的樣子，原來餓鬼是飢寒交迫、雙眼陷入、披頭散髮，到處亂跑。如果走到河邊，護水的鬼會舉起鐵杖打他。縱使沒有鬼守護在河邊，河水也會突然消失。有時遇到天下雨，雨水也會變成炭。

有些餓鬼經常被火燒身，好像劫數將盡時，火從許多火山口裡噴出來一樣。

有些餓鬼疲乏又瘦弱，瘋狂亂跑，蓬頭垢面，長髮零亂，蓋覆著身體。

有些餓鬼搶吃糞便、尿水、淚水、口水、吐出的東西、洗腳水及其他髒水，有時走到廁所旁邊，站在那裡央求令人作吐的汁。

有些餓鬼一直要喝產婦的髒水，好像被燒焦的樹木，喉頭猶如針洞一般。若給餓鬼喝髒水，即使喝了一千年也仍嫌不夠。

有些餓鬼自己戳破頭顱，伸手取出腦來拚命舐著。

有些餓鬼形狀像一座黑山，鐵鎖貫頸、敲打頭顱、苦苦哀求，伏在獄卒腳下。

有些餓鬼生前惡言惡語，用滿口髒話來辱　衆生。因此，衆生憎惡餓鬼，視同仇人。由於這些罪狀，才使他們淪爲餓鬼。（卷十六、《大正藏》一七五頁下段）

八大地獄

目睹八大地獄時，苦楚何止千萬種呢！

一、在等活地獄裡，受罪的人互相爭奪，心懷惡意，怒髮衝冠，彼此口角，只見他們手持利刀在斬殺和搶奪，用矛相刺，用鐵叉交戰，靠鐵棒互毆，以鐵杖毆打，亦用鐵串相搏。接著，又用利刀在廝殺得難解難分，又用鐵爪互戮，撕裂對方。各自用身上的血液，塗抹在對方臉上。痛楚讓人哀號，完全失去感覺了。由於深重的業因，冷風吹來，待獄卒斥責呼叫時，他們才再度清醒過來。因此，這種所在叫做等活地獄。不料，他們清醒之後，又得開始承受苦毒了。投生到這裡的衆生，都是生前有過重罪的因緣，濫殺生靈，斬殺牛羊鳥獸，又爲了爭奪田園、家產、奴婢、妻子、國土和錢財，而互相殘害，他們才會飽受這種殺害的業報，嚐到上述的苦難。

二、觀察黑繩大地獄的罪犯時，目睹兇惡恐怖的羅刹鬼、獄卒和充當打手的惡鬼們，常常用黑色的鐵繩拉住罪犯，用地獄的鐵斧，教人猛砍罪犯。

結果，迫使身高的人變矮，讓矮的人變高，讓四角變成圓形，讓圓形變成四角。斬斷雙腕與手腳，削去耳鼻，砍落手足，用大鐵鋸切成碎片。之後，把肉砸破，再分成小碎片，秤其重量，這羣罪犯在諸多行爲因緣裡，因爲曾經殘害忠義良民、撒謊、謾罵、口角，談些無聊話。歪曲事實，殺害無罪的人，或者幹壞事做了官員，竭盡冷酷亂暴的手段，損害衆生的權利，才會受到這種罪過。

三、目睹合會大地獄時，發現凶惡恐怖的羅刹鬼和獄卒，都是奇形怪狀。總之，他們現出牛、馬、豬、羊、鹿、狐、狗、虎、狼、獅子，六駮(吃猛獸、虎豹)、大象、鷲、鶚、角鷹等各種鳥獸的頭顱，紛紛走來吞食、咬住、嚼碎、撕斷。只見兩座山互相配合，一個巨大的火熱鐵輪，在一羣罪人身上輾過去，將他們的身體軋碎了，在火熱的鐵臼裡，把罪人猛搗砸碎了。好像擠葡萄汁一樣，也似榨油一般。這裡彷彿一座踐踏場，把肉堆集起來，像座山丘。他們又把頭顱堆積如山，血流成池。只見角鷹、鷲、虎、狼等爭相前來，互相拉扯。這羣罪犯由於深重的業因，生前殘殺許多牛、馬、豬、羊、鹿、狐、兔、虎、狼、獅子、六駮、大鳥等野獸，有過多次殺害鳥獸的行爲，才會讓這羣鳥獸的腦袋紛紛出來加害這些罪犯。他們竭力輕蔑、壓榨弱者，才得承受兩山重疊在山下被壓碎的罪過。他們因爲生前貪婪、瞋怒、愚癡，而提心吊膽或畏首畏尾，不敢判斷事情的輕重，不依正確的理法，或者打破正道，不顧正法，才會被熱鐵的輪子軋碎，放在熱鐵臼裡被搗碎的罪刑。

四與五是叫喚與大叫喚地獄。只見一大羣罪人被禁閉在這個大地獄裡。那些恐怖的羅刹鬼與獄卒的頭顱，都呈金黃色。眼裡出火，身穿紅衣，身體的肌肉極爲結實，走路猶如疾風，手腳又長又大，口出惡聲。用三叉箭，像下雨般落下，射向犯人的身體。犯人瘋狂惶恐之餘，猛敲自己的頭，苦苦哀求時，對方才暫時停手望去，心想他們那副可憐的樣子。不料，他們片刻後又來牽著犯人，走進熱鐵的地獄裏，那裡的長寬都有百由旬（一由旬的距離是一天的行程）。他們被趕出來鞭打，匆忙奔跑時，雙腳都會燙傷或燒焦，脊髓裡流出，就像炸油。用鐵棒敲頭時，頭破腦漿迸出來，猶如打破奶瓶一樣。經過一陣斬、刺、割和剝，全身糜爛了。他們又把罪人拉進鐵屋裡去。裡面冒出黑煙，罪人互相推擠，彼此埋怨，只聽大家異口同聲說：「爲什麼要擠我呢？」只要稍微發出求救聲，那扇門會碰地一聲關閉，裡面大聲吼叫，不絕於耳。在這羣罪人的反覆行爲裡，因爲他們生前全都愛欺上騙下，造謠哄人，用非法決定事情。收人寄存的財物的也不還，侵犯和剝奪低賤的百姓、打擾貧困的人，迫使他們大聲哀號，同時，破壞別人的城廓，和別人的村落，燒殺搶奪、胡作非爲才會受到這種報應。因此，那裡居住的家家戶戶都在怨恨這些人，整座城裡發出叫喚的聲音。有時甜言蜜語騙人，誘惑良民到外邊，再加以殺害。由於諸般惡劣的因緣，才會受到如此罪報。

在大叫喚地獄裡的罪人，生前都曾用煙燻殺過許多居住在洞穴的生物，把人關在牢獄或密室中加以煙燻，而後殺害他們，甚至把他們丟進井裡，搶奪他們的財產，由於罪人歷經這些因緣，才會淪落在此受罪了。

六和七叫做熱及大熱地獄。其中有兩個大銅鍋，一個叫做難陀，另一個叫做跋難陀，裡面都裝滿沸騰的鹹水。當恐怖的羅剎鬼與獄卒把罪犯丟進去時，猶如廚師在煮肉一樣。罪人在鍋裡，頭朝下腳向上，無異煮豆子，快要完全煮爛的情狀。骨節有時被解開，皮肉分離得七零八落。等到煮得相當爛了，再用叉子把它叉出來。因爲罪人有這些反覆的因緣，當冷風吹來復活時，又把他丟進炭坑地獄裡，或沸屎地獄裡去。如同魚從水裡出來，貼在熱烘烘的沙子上一樣。之後用濃血煎熬。當罪人從炭坑地獄走出來時，從眼、耳、鼻、口及許多毛孔裡，會紛紛噴出火來。原來，這些罪人以前世世代代擾亂父母、師父、沙門（出家修行者）、婆羅門等，也常到善良百姓的家去擾亂，使人煩心。因爲有這些罪狀，現在才會落入熱地獄受到報應。他們或者世世代代煮過活生生的繭，用火烤過活生生的豬羊，或曾用木頭貫穿人的身體，之後再把活生生的人放進火裡燒，或者燃燒山野、聚落、佛塔、精舍等，或用力按著生靈，讓他接近火裡。因爲有過這些因緣，才會出生到這個地獄裡來。

八、環顧阿鼻地獄時，縱的寬度長達四千里，圍繞一個鐵壁，比起其他七個地獄，則以這個地獄最深。地獄的鬼卒與恐怖的羅刹鬼，正用大鐵椎來毆打許多罪人，情況彷佛工匠在打鐵。把皮從頭上剝下來，直到腳爲止，也用五百個釘子釘滿全身上下，好像釘牛皮一樣，互相拉扯，應手而破裂。上見熱鐵的火車，在他們身上輾過去，狂奔到猛火裡，抱著火炭出來，又迫使他們走進沸騰的屎河裡。那裡有毒蟲用鐵嘴，鑽進鼻孔裡去，又從腳底出來，爬進嘴裡。劍屹立在通道上，迫使他們在上面奔跑。腳下破爛不堪，支離破碎，好像在廚房裡被切碎的肉塊，鬼卒又用銳利的刀劍矛頭，穿入他們的身體，彷彿被霜侵害的樹葉，隨風飄落，到處皆是。罪人的手、腳、耳、鼻、四肢等，全部被砍斷、割裂，掉在地上，血流成河，只見兩條大惡狗，一條叫做賒摩，一條叫做賒婆羅。用鐵般的硬嘴，凶猛而又使勁兒地咬碎人的筋骨。牠們的威力大過虎豹，獰猛有如獅子。還有一座大刺林，把罪人趕進去，迫使他們爬上有刺的樹。當罪人爬樹時，刺會朝下，當罪人滑落時，刺又向上了。身軀龐大的毒蛇、蝮、蝎或惡蟲，爭相爬過來咬住罪人。巨鳥用長嘴敲破他們的頭蓋骨，吞食腦袋。走進鹹河裡時，隨著流勢一上一下。走出來後，立刻踏上熱鐵和地面，走在鐵刺上邊。坐在鐵棧上時，棧會從下面深入身體。鬼卒用夾剪撬開口，把烊銅汁灌進去，迫使他吞下熱烘烘的鐵丸。當它一進入口裡，嘴巴馬上燒焦，吞到喉嚨時，喉頭也糜爛，進入肚子裡，腹部燃燒，五個腑臟全部燒焦，然後落到地上了。只有現出一副惡臉，始終散出臭氣，常常遲滯，遭遇許多痛苦、迷惑、無力、衰竭、瘋狂、錯誤、撞闖、逃避、躲藏、投擲、或顛倒落下。在罪人生前的諸多作爲裡，曾經犯過罪大惡極的五逆罪，斷了善根，視非法為合法，以合法為非法；以實為不實為實；憎恨和嫉妒善人，基於這些罪狀，才會淪落到這個地獄裡。在此所受的罪過最劇烈。（卷十六、《大正藏》一七五頁下段——一七六頁下段）

十六小地獄

除了上述八大地獄的周圍以外，還有十六個小地獄。那就是八寒冰地獄與八炎火地獄。所謂八炎火地獄者，第一爲炭坑，第二爲沸屎，第三爲燒林，第四爲劍林，第五爲刀道，第六爲鐵刺林，第七爲鹹河，第八爲銅橛。所謂八寒冰地獄者，第一頞浮陀，第二是尼羅浮陀，第三是呵羅羅，第四是呵婆婆，第五是睺睺，第六是漚波羅，第七是波頭摩，第八是摩訶波頭摩。

所謂八炎火地獄：

一、如果破壞清淨的戒條或出家之法，勸誘在家人輕視佛道，或強迫生靈掉進火裡，當衆生的生命尚未完結之際，迫使他們走在火上，並用火燒烤他。由於這種因緣，才會淪落炭坑地獄，飽受巨大的火炎，熱炭貼在膝蓋上，全身受到燃燒之苦。

二、凡布施給沙門或婆羅門的食物，都能成爲福德之因；若用不乾淨的左手接觸，或先把它吃過，甚至用骯髒東西碰它；或持沸騰的屎尿灌在別人身上，破壞別人清淨的生活；自己過著邪惡的日子，諸如這些因緣，都會使他們淪入沸屎地獄裡。沸騰的屎尿，深闊彷彿海水，其中有髒蟲，嘴巴有鐵片，會敲破罪人的頭，吸他們的腦，戮碎他們的骨骼，吃他們的脊髓。

三、如果放火燃燒草木，會傷害許多昆蟲，或燃燒森林，大行狩獵，造成更大的傷害時，這些因緣會使他們淪落燒林地獄裡。因此，草木的火在燃燒，旨在燒焦這些罪人。

四、如果手持刀劍在鬥爭、傷害、殺人，甚至砍樹，並用來威脅別人，報復世代的仇怨，或者傷害或侮辱那些本著忠義心，相勸告的好人時，也會因爲這種緣故而淪落劍林地獄裡來。當這羣罪人走進來時，大風吹落劍葉，會割破他們的手、腳、耳、鼻，紛紛落下來。此時，劍林裡會有鳥、鷲、惡狗等跑來吃肉了。

五、用利刀刺人，或用矛槍傷人，甚至切斷道路，撤廢橋樑，破除正法之道，而宣揚非法之道。這些緣故會使那羣造業者陷入刀道地獄裡。在刀道地獄的絕壁窄道上，佈滿銳利刀尖，迫使罪人在上面走過去。

六、倘若犯邪淫而侵犯其他女人、貪圖快感時，這種業因也會使他們淪入鐵刺林地獄裡。因此，這裡的刺樹也高達一由旬，上面有大毒蛇，化身美女在呼叫罪人：「爬上來呀！我會跟你一起作樂。」獄卒會拖著罪人，迫使他們上樹。不料，刺會突然向下，貫穿罪人的身體。身體都有刺傷，深入骨髓爲止。當他們到達樹林上面時，那些化身的美女，會再度恢復蛇身，讓他頭破，深入腹部，到處有洞穴，全都糜爛不堪了。之後，他會復活停在原處，身體也復原了，不料，化身的美女又在樹下招呼罪人了。獄卒用箭朝上射去，迫使他下來。當他徐徐下來時，刺又向上戮他，當他到了地面時，化身的美女又恢復蛇身來破壞罪人的身體。

七、諸如此事一直持續，好不容易脫離火熱的鐵林時，遠遠看見對面有清涼的河水，很歡喜地想去享受。當他們走到河邊，跳進水裡時，河又馬上變熱，成了沸騰的水流。罪人在水裡待了片刻，皮肉離散，只剩下骨骼屹立在水中。獄卒和恐怖的羅剎鬼把他們提到岸上。他們因爲有過許多業因，例如殺傷水中的魚鼈，或者將生靈丟入水裡沈沒，有時也將牠們投進滾水裡，有時將牠們丟在冰天雪地上，完全是作惡多端，才會這樣受罪。

八、如果進入銅橛地獄時，獄卒和恐怖的羅剎鬼會問那羣罪人：「你從那兒來的？」罪人回答：「我苦得暈死過去，也不知道從那裡來。只是又飢又渴。」如果說口渴時，獄卒立刻追趕過去，把他拉到熱銅的橛上坐著，用夾剪撬開他的嘴巴，灌入烊銅。如果說肚子餓時，也會迫使他坐在橛上，把鐵丸灌進他的嘴巴。不料，一進入口裡，嘴巴立刻被燒焦，吞到喉嚨時，喉頭被燒爛，進入腹部時，腹裡在燃燒，五個臟腑被破壞，然後落在地面上。在他生前的行爲因緣方面，專靠偷人的財貨過日子。欺騙出家人說自己患病，央求牛酪、胡麻油和糖，自己既不持戒、禪定，也無智慧，反而接受別人的布施，甚至惡口罵人，基於以上各種業因，才會落入銅橛地獄。

八寒冰地獄是：

一、如果進入頞浮陀地獄裡，到處堆積冰雪，含毒的風吹襲著，會使罪人毛皮俱裂，筋肉被切斷，骨骼破裂，骨髓流出來。雖然很快可以復原，可憐反覆如此，跟起初一樣受罪。在他們生前的行爲因緣方面，習慣在寒月下剝奪別人身上的衣服。偷竊人家正在受凍時燃燒的柴薪，或現出惡龍的面目。憤怒、憎恨、放出巨大的冰雹和雨點來加害別人。有時輕蔑那些守佛戒的人，侮辱或傷害他們。有時因爲口犯四業（妄語、兩舌、惡口、綺語）而造下多種罪狀。基於這些因緣，才會淪入頞浮陀地獄裡。

二、尼羅浮陀地獄也是這樣，頞浮陀多少有些洞穴，有時可以出入。尼羅浮陀裡完全沒有洞穴，不能出入。

三、四、五、是呵婆婆、呵婆羅、睺睺等三個地獄，寒風刺骨，一片荒涼，令人無法開口，由於呼聲的緣故，才取名這種地獄。

六、是漚波羅地獄，到處冰凍，類似青蓮花的地方。

七、是波頭摩地獄，這裡好似紅蓮花的所在。

八、是摩訶波頭摩地獄，其間住有拘迦離。（卷十六、《大正藏》一七六頁下段——一七七頁下段）

佛的前生

菩薩（佛的前生）開始發心時，所造的功德還不夠充份，只種下三項福德的因緣——布施、持戒和善心，這些逐漸可以獲得福報，雖然，他把這些施予芸芸衆生，但對他們來說也還不夠。因此，菩薩又進一步廣修福德。他起了大悲心：「天下蒼生在錢財方面都嫌不夠，才會作惡多端。我的錢財很有限，不能令他們稱心如意。因爲這樣，他們既不肯誠懇地接受教誨和勸告，也不願聽從佛道，以致不能得到生、老、病、死的解脫。我一定要用很大的方便，先有充份的錢財，好讓他們滿足。」

於是，菩薩出海去搜集奇珍異寶。先上山走遍危險的地方，尋求妙藥，再深入石窟找尋各種珍物，鐘乳石或奇異東西，旨在將這些施予天下蒼生。他有時出生爲衆生，冒險去橫渡險路，縱使遇到獅子，劫路强盜，虎狼或惡獸等，爲了向芸芸衆生大行布施，他才到處去求財，而不以爲這是一種難事。有時候，他用藥草或咒術，讓銅變成黃金，呈現各種變化，才獲得許多

財物。接著，他又到處去找尋沒有主人的財貨，用來布施芸芸衆生。（卷十六、《大正藏》一七八頁上段）

鹿王的故事

且說波羅奈國的梵摩達王，有一天到山林打獵時，看見兩羣鹿。每羣都有領隊。一羣鹿的首領率領五百頭鹿，另一羣的領隊身上呈現七寶色彩。這是釋迦文菩薩；另一邊是提婆達多。

那條菩薩鹿王眼見國王率領大隊人馬前來獵殺同伴，頓時起了大悲心，勇敢地走向國王面前。大隊人馬爭相射箭，箭如雨下。國王發現這隻鹿抬頭挺胸走著來，毫不畏懼的樣子，立刻吩咐部下：「你們不要放箭，別讓牠不敢走來。」片刻後，鹿王走到國王面前跪下，稟告國王說：「您純粹出來玩樂，爲了這件小事情，竟迫使一大羣鹿要死於非命。如果您一定要吃鹿肉，我們每天會送一條鹿進宮，給大王當菜餚如何？」國王聽了覺得可行，當場答應鹿王的央求了。

於是，兩隻鹿王召集部下，從中選出一頭鹿，每天送進宮裡去。

且說提婆達多的鹿羣裡，有一條母鹿正在懷孕，某日剛好輪到她要被送進宮去。這條母鹿走到領隊面前央求：「今天輪到我要去送死了。但是，我懷孕在身，身上的孩子不是下次輪到的份，請你收回成命。希望由下一位出去，不要强迫我懷裡的孩子也去送死好嗎？」誰知領隊聽了勃然大怒地說：「誰不愛惜生命？既然輪到你，只有快去，不許推辭。」

母鹿心裡尋思：「我的隊長沒有同情的仁心，不會如理行事，也沒有寬容的餘地，不看看我不去的詳情，只會自己任意發脾氣，不論我說什麼，他都聽不進去。」

在這種情狀下，牠只好跑來央求菩薩鹿王了。牠以實情，稟告自己的苦衷。鹿王問牠：「你的隊長怎麼說？」母鹿說：「我的隊長沒有同情的仁心，不會衡量輕重。反而只會發怒，因爲大王的同情雅量普及所有的生靈，我才來皈順大王。像我現在的處境，天地雖大，卻無訴苦的地方。」菩薩鹿王心想：「這件事非常值得憐憫。即使自己做不到，怎可委曲這隻鹿子被殺死呢？如果找不到適當的人去，而且屢次更改，也不是辦法；看樣子只有自己來替代牠去了。」一想到此，牠下定決心，立刻要親自去送死，同時吩咐母鹿回去：「我來代替你便了，希望你不必操心。」

這隻鹿王來到國王的門前了。許多人看了都同情鹿王自己送上門，乃將此事稟告國王。國王聽了也忍不住同情牠，命人把牠帶來，親切地問牠：「所有的鹿都送完了嗎？你爲什麼跑來呢？」鹿王說：「大王的同情心普及鹿羣，不是所有鹿都犯罪。草木到處茂盛，怎會有結束的時候？因爲另一羣鹿中，有一頭母鹿懷孕，馬上就要生產，如果殺死母體，懷孕的孩子也會沒命了。牠把實情告訴我。我很同情牠，如果硬把尚未輪到的鹿王送走，也不是辦法，如果不救那隻母鹿，則跟木石何異呢？我的身體不是常住或永恆的存在，終究難逃一死。若能慈悲救度苦難，功德無量，如果人無慈愛，跟虎狼又有何不同呢？」

國王聽了立刻從座上起立，作偈說道：

「我真是一條畜生禽獸，而且也不妨叫做一隻人頭鹿。
你雖然生爲鹿身，卻可叫做一個鹿頭人。
若從道理上說，人不是靠外形來決定。
若有豐富的慈愛和同情，即使生爲獸類，實際上也等於人。
從今天開始，我不再吃任何的肉。

我要行布施，你不必畏懼，我會讓你安心。」

鹿羣終於安然無恙，國王也得到仁信的美譽了。（卷十六、《大正藏》一七八頁中、下段）

愛法梵志

一位名叫愛法的梵志，他在十二歲時，遊遍閻浮提，有意追求聖法，無奈，一直不能如願。當時，世上沒有佛，佛法也不存在。

一位婆羅門說：「我有一首聖法的偈語，如果你真正愛法的話，我可以傳授給你。」對方答說：「我真正愛法。」婆羅門說：「你若是真正愛法，你就該用自己的皮膚做紙，以體內的骨頭當做筆，用血液寫下來才對，如果做得到，我一定會傳授給你。」對方即刻照做不誤，只見破骨剝皮，用血寫下偈語了。

「一定要如法修持，決不接受非法。

不論今生或來世，只有實行法的人才能安穩無恙。」（卷十六、《大正藏》一七八頁下段）

野雉的前生

某日，野火正在燃燒山林，林裡有一隻野雉。牠竭盡全力飛到水裡，把羽毛浸在水中，打算滅掉大火。無奈，火大水少，雖然來回很疲勞，牠也不以爲苦。

當時，帝釋天下來問那隻野雉：「你到底在幹嘛？」

牠回答：「我想要拯救這座叢林，因爲我憐憫裡面的衆生，這座叢林的樹蔭寬闊又涼快，可以休憩，頗令人愉快。凡我同類，伙伴和其他衆生，全都受惠於這座叢林。我有體力，爲何不去滅火拯救他們呢？」

帝釋天問：「你要奮力去滅火，一直不停止嗎？」

野雉說：「至死方休。」

帝釋天說：「縱使你的心意如此，誰會知道呢？」

野雉發誓：「我的心意的確如此，請你相信我，若不是謊話，火會立刻熄滅。」

此時，淨居天（聖者的天）知道菩薩立誓要解救衆生的意思，立刻替他熄滅大火了。

從古至今，只有這座森林始終繁茂昌盛，不曾被火燒毀。（卷十六、《大正藏》一七八頁下段——一七九頁上段）

菩薩的精進

菩薩(佛的前生)尚未證得菩薩道，仍在生死之身的時期，卻愛把自己喜歡的東西，布施給天下蒼生；相反地，他們對待菩薩卻很不友善。雖然有人讚嘆菩薩，但有人反而傷害或羞辱菩薩。有人恭維或尊敬菩薩，有人反而輕蔑或侮辱菩薩，雖然菩薩表現慈悲和寬容，有人反而企圖中傷或算計菩薩。那羣人明知自己没有能力，也照樣來打擾菩薩。菩薩發誓要救度他們，不分彼此：「只要我成就佛道，一定要救度這一大羣壞人，包括最壞的在內。」因此，菩薩面對這羣壞人，仍然不曾懈怠，起了大悲心，彷佛慈母憐愛孩子的疾病，始終耿耿於懷。這種情狀堪稱菩薩的精進。(卷十六、《大正藏》一七九頁中段)

菩薩的布施波羅蜜

菩薩實踐布施波羅蜜時期，一羣小乞丐，來自四面八方，貪婪無度，連不該求的東西也苦苦央求。他們更要索取別人心愛與貴重東西，和難以捨棄之物，只聽他們央求菩薩說：「把兩隻眼睛給我，也把你的頭腦、骨髓，心愛的妻兒，以及各種珍貴寶物統統給我。」

當他們任意索求這些東西時，菩薩也不動心，既不吝嗇，也不發怒，更不起疑，一心爲佛道而布施給他們。（卷十六、《大正藏》一七九頁中段）

菩薩捨身飼虎

如果新發心修行佛道的菩薩，沒有在一世一時修遍五波羅蜜（除了般若波羅蜜），當他行布施波羅蜜時，有一隻餓虎在飢渴之下，突然要吃他的兒子。此時，菩薩湧起大悲心，立刻用自己的身體施予餓虎了。

菩薩的父母親在痛失愛子之餘，十分憂慮，淚水不停，以致雙眼失明了。老虎吞食菩薩，照理說，當然會犯罪，但是，父母的憂愁苦惱與老虎的殺罪，無法計較。但是菩薩爲了完成布施，只好這樣做了。（卷十六、《大正藏》一七九頁中段、下段）

太子的前生

釋迦文尼菩薩在過去世，曾經貴爲一個大國的太子。父王座下有一位梵志的師父，平時不吃五穀，也頗能得到大家的尊敬和信賴，堪稱一位奇特能幹之輩。太子心想：「人人都有身體，一定需要五穀才對。他居然不吃五穀，他一定靠使詐來騙取人心，這不是真正的法。」父母親教示太子說：「他努力精進可以不吃五穀，當真是世上的奇才，你爲何這樣傻，不去親近或尊敬他呢？」太子答道：「我想留心觀察一陣子，然後，我要他在大家面前拿出證據。」

有一天，太子去找他的住處，走進森林裡來，向裡面一個牧牛人打聽：「他平時吃東西嗎？」牧牛人回答：「他在夜晚喝了不少乳汁才能保命。」太子明白事實後，回到宮裡，設法要使他拿出證據。太子立刻把各種瀉劑的藥草，放在青蓮華上燻烤。

次晨，當梵志一上朝時，坐在父王身邊了。只見太子拿著蓮華向前走來，先向他作禮後，再順手遞給他。梵志滿心歡喜，暗自尋思：「國王夫婦和王宮內外，無人不服我，只有太子不肯信賴和尊敬我，他今天肯用好花供養我，再好不過了。」他收下好花，來到另一個房間，把花拿到鼻孔前一聞。不料，花裡的藥氣衝進腹部，立刻在裡面起作用，迫使他急著找廁所了。太子趁機說：「梵志沒吃東西，爲什麼會上廁所呢？」馬上命人逮捕他，拉他到國王面前作吐。誰知他吐出來的東西全是乳狀，一切證據總算顯現出來了。國王夫婦始知他的詐欺行爲。太子說：「他才是真賊，因爲沽名釣譽，竟敢欺騙全國上下。」（卷十六、《大正藏》一七九頁下段）

佛對精進的開示

佛說：「我在無數漫長的劫數裡，曾經把頭、眼睛、骨髓和腦袋等，全都布施給芸芸眾生，讓他們心滿意足了。修行持戒，忍辱和禪定時期，也在山林裡讓自己全身枯乾了。有時一天守戒僅吃一餐，節制飲食，斷絕各種佳味，有時忍受別人的謾罵、羞辱和刀杖的折磨。因此，身體瘦弱枯乾。另外又常常打坐，風霜夜露，苦心追求智慧。誦讀、思惟，提出和說明難題。關於一切諸法，我都用智慧去判別，不論喜好與否，也不論虛實、粗細與多少，我也供養無量諸佛。專心努力精進，累積功德，全身渴求五波羅蜜。當時，我一無所得，也得不到布施，持戒、忍辱、精進、禪定、智慧波羅蜜。後來遇到然燈佛（過去世一位佛，預言釋尊會成佛，即燃燈佛），我把五蓮華散落在佛身上，我把毛髮鋪在泥土上時，才得到無生法忍（領悟不生不滅的狀態後，那種安寧的境界），總算滿足六波羅蜜了。當我站在空中作偈讚嘆然燈佛時，也看見各個方向有無量諸佛。當時才得到真正的精進。身體精進即是平等，所以我得到

心的平等。因爲心能平等，才能獲得一切諸法的平等。」（卷十六、《大正藏》一八○頁上、中段）

國家圖書館出版品預行編目資料

布施得福：《大智度論》的故事. 2／鳩摩羅什 原典漢譯；芳川 語譯修訂. -- 1 版. -- 新北市：華夏出版有限公司, 2023.04
面； 公分. --（Sunny 文庫；137）
ISBN 978-986-5541-75-0（平裝）
1.大乘釋經論

222.21 110005434

Sunny 文庫 137
布施得福：《大智度論》的故事 2

原典漢譯 鳩摩羅什
語譯修訂 芳川
印 刷 百通科技股份有限公司
電話：02-86926066 傳真：02-86926016
出 版 華夏出版有限公司
220 新北市板橋區縣民大道 3 段 93 巷 30 弄 25 號 1 樓
電話：02-32343788 傳真：02-22234544
E-mail pftwsdom@ms7.hinet.net
總 經 銷 貿騰發賣股份有限公司
新北市 235 中和區立德街 136 號 6 樓
電話：02-82275988 傳真：02-82275989
網址：www.namode.com
版 次 2023 年 4 月 1 版
特 價 新台幣 300 元（缺頁或破損的書，請寄回更換）

ISBN： 978-986-5541-75-0